●united
p.c.

I0313213

Alle Rechte der Verbreitung, auch durch Film, Funk und Fernsehen, fotomechanische Wiedergabe, Tonträger, elektronische Datenträger und auszugsweisen Nachdruck, sind vorbehalten.

Für den Inhalt und die Korrektur zeichnet der Autor verantwortlich.

© 2018 united p. c. Verlag

Gedruckt in der Europäischen Union auf umweltfreundlichem, chlor- und säurefrei gebleichtem Papier.

www.united-pc.eu

Ewald Apperle

Mee(h)r der Sehnsucht

Romantisches, Gedanken und Texte aus der heutigen
Zeit von und über die Liebe, das Leben und die Natur.

Inhaltsverzeichnis

Gedanken	10
Vorbei die Nacht	11
Sonne, Mond und Sterne	12
Ich sehne die Stunde herbei	12
Das Ende des Sommers naht	13
21:57	14
Eine lange Nacht	15
Mit all meinen Sinnen lieb ich dich	16
In mondheller Nacht	17
Draußen tobt der Sturm	18
Ich sitz auf einer Bank am See	21
Ich verbrenne innerlich	22
Tagtraum	23
Mein Herz	24
Du hast	25
Danke	26
Auf den Schwingen	27
Gedanken, Leben, Liebe	28
Stumme Schreie in der Nacht	29
(wieder einmal) Sehnsucht	31
Ein Berg voller Liebe	32
Meer der Sehnsucht	33
Der Sommer ist vorbei	34
Schwer und tief	37
Ich möchte dir	38
Zyklus des Lebens - Gedanken	39
Blues Of Desire (Songtext)	40
Melancholie	41
Ein Blick	42
Dunkle Seele	43
Ich werde 54	44

Inhaltsverzeichnis

Meiner Seele Zuflucht	46
Ein Jahr ist vorbei	47
Mit jedem Tag	48
Wenn die Sehnsucht mich nicht	49
Wieder Sehnsucht	50
Wann „I die net" *	51
Wenn ich dich nicht	52
Mein Herz schlägt	53
In meinen Träumen	54
Zwei Herzen	55
Leidenschaft	56
Gedanken, Träume	57
Spaziergang an einem Frühlingstag	58
Liegst du in meinen Armen	59
Tief in mir die Angst	60
Vater und Tochter	61
Gute, Nacht	63
Sehnsucht nach dir	64
Wenn	65
Unbeschreiblich	66
In alle Ewigkeit	67
Sternzeiten	68
Könnte ich	69
Baumstarke Liebe	70
Weil es dich gibt	71
„I hab` di so liab" *	72
Ich habe dich so lieb	73
Ich wusste nicht	74
Einsames Herz	75
Am Himmel Sehnsucht	76
Auf dem Grund des Sees	77

Inhaltsverzeichnis

„Verruckt noch diar" *	78
Verrückt nach dir	79
Sonnenaufgang	80
Mit dir schweben	81
Der Herbst	82
Novemberregen	83
Erster Schnee	84
Letzte Nacht	85
Ein Bild von dir	86
Ein Tag ohne dich	87
Winterbeginn	88
Schneeflocken	89
Weihnachtsträumerei	90
Bilder im Kopf	91
„I brauch so viel mehr von dir" *	92
Ich brauche so viel mehr von dir	93
Wieviel	94
Schatten	95
Himmelszeit	96
Guten, Morgen	97
Manchmal	98
Ich schenke dir: Mich	99
Wie die Wasser	101
Liebe	102
Ich bin krank	103
Liebe kann	104
Nachts	105
Wäre ich eine Wolke	106

Inhaltsverzeichnis

Nimm meine Liebe	107
Morgengedanken an dich	108
Mutter	109
Körper & Seele	110
„Ohne di" *	112
Ohne dich	113
Poesie ist es	114
Tour der Tränen	115
Verdammt!	117
Hallo Schmerz	119
Zu Hause	120
„I will mit dia" *	121
Ich will mit dir	122
Angst	123
Träumerei	124
Was ist es wert?	126
Albtraum	127
Ein weiterer Herbst zieht ins Land	129
Einsam, mit großer Sehnsucht	130
Die Sonne scheint	131
„Mir is` so wunderbar warm" *	132
Mir ist so wunderbar warm	133
Meine Liebe	134
Du bist das Schönste	135
Wenn ich traurig bin	136
Alles, was ich will	137
Frühmorgens	138
Vater im Himmel	141
Tag-Traum-Zeit	142
Zeit haben wir nicht viel	144
Unglaubliche Sehnsucht in mir	145

Inhaltsverzeichnis

Ich bin ein Mann	146
Wenn du von mir gehst	147
Wäre ich ein Liebhaber	148
Wenn ich traurig bin	150
Unsere neue „Hütte"	151
Gedankensplitter Liebe	152
Wenn du nachts nicht bei mir bist	153
Aus der Nacht in den Tag	154
Des Herbstes Meisterstück	155
Noch in der Dunkelheit	156
Als der Sinn der Weihnacht	158
Ganz tief in mir	160
Guten, Morgen	162
„Radeln" (Radfahren)	163
Manchmal	165
Melodie	166
Nachwort	167
Über mich	168
Schlusswort	168

Gedanken

Ich sitze da, schaue in den Spiegel und denke so vor mich hin. Denke an dich, denk daran, wie schön es jetzt sein könnte neben dir.
Ich bin traurig und habe so ein Gefühl in meinem Bauch, es drückt nach oben, drückt Richtung Herz.
Ich muss schlucken, mein Atem stockt, meine Augen sind glasig. Traurigkeit macht sich in mir breit, je mehr ich daran denke, wie sehr ich dich begehre, dich liebe und mir wünschte, wir wären jetzt beisammen. Mein Herz ist bei dir, du gibst gut acht, hast du gesagt und ich weiß, du tust es auch; aber ich wünsche mich ganz zu dir damit die Traurigkeit ein Ende hat, meine Brust wieder frei atmen kann und die Tränen zu Freudentränen werden, die ich immer habe, wenn ich dich wiedersehe und in meine Arme nehme. Aber diese Stunde ist noch in weiter Ferne für mich, mehr als vierzehn Tage ohne Liebe, ohne dich – ich frage mich, wie soll ich leben bis dahin? Mir fehlt ein ganz großer Teil von mir, mir fehlst du. Ich sehe dein Bild vor mir, wie schön, wie atemberaubend du bist. Ich bin so glücklich, dass du meine Liebste bist, wärst du nur hier, ich gäbe alles dafür! Auch wenn ich ganz traurig bin, weil wir getrennt sind. Es tut verdammt weh.
Schon der Gedanke, du wärst in diesem Augenblick nicht die Meine.
Ich kann nicht anders, ich weine, weine wie ein kleines Kind.
Ohne dich, ich meinen Weg nicht mehr find. Ich lieb' dich so sehr!

∞

Vorbei die Nacht

Vorbei die Nacht, mit süßen Träumen von dir erwacht. Hab beim Einschlafen an dich gedacht, an das Küssen und Kuscheln, deine Haut. Im Traum warst du neben mir, lagst in meinen Armen, dein Kopf an meiner Brust. Ich streichelte dir durchs Haar, spürte deinen Atem so wunderbar. Und so schlief ich in Gedanken mit dir ein, glücklich bei dir zu sein.
Der Traum war so schön von dir und mir, wir gingen Hand in Hand und schauten in die Augen uns.
Reden, lachen und küssen, die Schmetterlinge im Bauch. Es war so schön, die Nacht vergeht schnell, draußen wird es wieder hell und ich wach auf.
Du warst in Gedanken hier bei mir, ich sende ganz viel Liebe und Morgengrüße mit meinem Herz zu dir.

Sonne, Mond und Sterne

Einen Stern, der deinen Namen trägt, hab` ich nicht, weil alle Sterne am Himmel du bist.
Den Mond mit dem Lasso einfangen kann ich nicht, weil alle Monde im Universum du bist.
Alle Sonnen im Weltall sind auch du, mein Licht, meine Inspiration.
Sonne, Mond und Sterne überbringen meine Liebe dir aus der Ferne.
Dies unergründlich und unermesslich weite Universum bist du für mich, Raum, Zeit und Licht. Ich liebe dich.

∞

Ich sehne die Stunde herbei

Ständig mich die Sehnsucht begleitet bei allem was ich tue. Ich denk' an dich, wie wunderbar es ist mit dir, denk' wie schön es sein kann, unser *Wir*.
Viel mehr als eine Woche schon ist es her, dass du in meinen Armen lagst und ich in deine Augen sah. So viel Stunden und Tage ohne deine Nähe und Wärme, die mein Herz und meine Seele nähren. In Gedanken bist du mir ganz nah. Und doch, ich sehn' mich so nach Berührung und reelles Fühlen. Heute ist es wieder schlimm, es schmerzt und ich bin tief traurig in mir drin. Ich zähle die Ewigkeiten, bis ich wieder bei dir bin. Bis meine Augen in den deinen versinken und unsere Lippen sich berühren, zuerst sanft und zärtlich, später leidenschaftlich und wild. Könnt' ich doch die Stunde herbeizaubern, könnt ich doch mit dir zusammen sein. Ich schließ meine Augen und ich wein'. Still und leise, für mich allein.

Die Sehnsucht will nicht loslassen, will nicht weichen, wird mich begleiten bis es endlich soweit. Könnt' ich doch überspringen die Zeit. Die Sehnsucht wohnt in mir drin', bis ich wieder bei dir bin.

∞

Das Ende des Sommers naht

Frühmorgens sitze ich am See. Die Luft ist noch kühl, obwohl die Sonne scheint. Das Wasser des Sees vom Vortag aufgewärmt, die Oberfläche dampft. Spiegelbilder der umgebenden Landschaft sich im leicht kräuselnden Wasser und im orange- gelben Licht des noch jungen Tages zeigen.
Es ist Anfang August, die Tage sind noch sehr angenehm, teilweise auch richtig heiß, die Nächte schon eher frisch und klar, bei wolkenlosem Himmel sieht man eine wunderschöne Sternenpracht.
Ich sitze auf einer Bank am See, vor mir ein Steg und das Gras im frischen Morgentau. Ein Schauspiel, das sich mir bietet, Ruhe herrscht noch, Vogelgesang und ab und zu ein Fisch aus dem Wasser hüpft, um ein Insekt zum Frühstück zu verspeisen.
Die Natur wirkt auf mich mit all ihrer Pracht, ich erlebe die Geburt eines neuen Tages, während ich an dich denke, wie du wohl geschlafen hast und ich sehe in Gedanken dein Bild, dein Gesicht vor mir. Ach, wie gerne würde ich in dieses schauen und könnte ganz gewiss der Versuchung nicht widerstehen, dich zärtlich zu küssen und mit meinen Händen sanft deine Wangen zu berühren. In diesem Augenblick spüre ich die ersten Sonnenstrahlen auf meiner Haut, in meinem Gesicht.

Die Wärme, dieses angenehme, wohltuende Gefühl, ich denke an deine Haut und deine Wärme. Liebste ich würde so gerne dies mit dir erleben, gemeinsam mit dir empfinden und dich dabei in meinen Armen halten. So beschreibe ich dir dieses Bild, das ich vor mir habe und stets auch die Gedanken an dich, an all das Schöne und die Liebe, die ich für dich empfinde. Wir werden die Geburt eines neuen Tages auch noch gemeinsam erleben und empfinden, darauf freue ich mich schon sehr.

∞

21:57

ich sitz allein vorm TV, ich denk wieder an dich und bekomm' große Sehnsucht nach dir. Denk' dran, wie's war mit dir, die Nächte zu zweit, die Stunden der Zärtlichkeit. Dein Duft und die Wärme deiner Haut, deine Stimme wohl vertraut.
Denk an unsere Gespräche, dein Lächeln und Gesicht, was Schöneres es nicht mehr gibt für mich.
Das Küssen und Kuscheln, das gute Nacht und wir haben viel gelacht.
Hab' dich berührt, gefühlt und gespürt, dich umarmt und gehalten fest, in unserem Liebesnest.
Das „Guten Morgen" mit Küssen voller Leidenschaft und Zärtlichkeit, der Blick in deine Augen wunderbar, der Himmel auf Erden für mich es war.
Die Schmetterlinge in meinem Bauch, bei jedem Blickkontakt mit dir,- pures Glück in mir.
22:17, Ich sitz noch da, allein vorm TV und hab' große Sehnsucht nach dir.

Eine lange Nacht

Eine lange Nacht endlich zu Ende ist. Ich sitze da und schau auf das Wasser des Sees, ruhig und beschaulich ist der Anblick. Einige Vögel zwitschern, ab und zu ein Fisch, der die Ruhe unterbricht und sich Ringe an der Wasseroberfläche im sonst glatten Wasser ausbreiten. Am Horizont kündigt sich mit orange- gelbem Licht der bevorstehende Sonnenaufgang an. Die Nacht war lang, einsam und ohne jeglichen Schlaf, ständig Gedanken in meinem Kopf, ständig grübeln und diese Sehnsucht nach dir. Mehr als sieben Stunden starrte ich in das Dunkel, lag da mit offenen Augen und dachte an dich.
Wirre Gedanken, Verzweiflung und Sehnsucht nach dir, deiner Wärme, deiner Haut und deinem Geruch. Dich atmen zu hören neben mir, dein Kopf an meiner Brust, du in meinen Armen. Dieser Gedanke, dieser Wunsch mich nicht schlafen lässt und ließ die Nacht. Nun ist es hell, es ist schon ziemlich kalt, hab mir was angezogen, sitz draußen vor dem Zimmer und starr auf den See, warte auf die Sonne.
Ich warte auf die Stunde, in der ich dich endlich wieder in den Armen halten kann, befreit von dieser Sehnsucht, von diesem Verlangen bei dir zu sein und mein Begehren zu stillen.
Der Tag wird mich ein wenig ablenken, hoffe ich. Und doch, du bist immer in Gedanken bei mir.
Die Dunkelheit ist für einige Zeit vorbei, mein Herz und meine Gedanken sind immer bei dir. Mittlerweile ist die Sonne aufgegangen, so wie sie immer für mich aufgeht, wenn ich in dein Gesicht, deine Augen schaue. Auch ihre Wärme spür ich, wie die deine. Ich liebe dich, wie sonst keine.

Mit all meinen Sinnen liebe ich dich

Wenn ich mit geschlossenen Augen deinen Duft in meiner Nase habe und meine Fingerspitzen dein Gesicht sanft berühren.

Meine Hände deine Wärme spüren und ich deine Haut fühle.

Wenn ich über deine Lippen streichle und mit meinem Mund ganz nah deinen Atem atme.

Wenn ich dich zärtlich küsse und von deinen süßen Lippen koste.

Wenn ich dein Gesicht liebkose und in deine Augen blicke.

Wenn ich streichelnd und küssend deinen Körper erkunde.

Wenn meine Lippen dich berühren, vom Kopf bis zu den Zehen.

Wenn ich dich leidenschaftlich küsse und fest an mich drücke.

Wenn du meine Lust spürst zwischen meinen Lenden.

Wenn ich dann mit dir eins bin, mit dir schwebe und bebe, versunken in deinen Augen.

Wenn ich mit dir den Himmel auf Erden erlebe.
Alle Sinne und alles in mir fühlt diese unbändige Liebe zu dir.

In mondheller Nacht

In mondheller *Nacht* bin ich vom Schlaf erwacht. Hab` die ganze Nacht an dich nur gedacht.
Du solltest bei mir sein, ich such nach dir, doch ich bin allein.
Ich beneide den Mond, denn er kann, dir schauen ins Gesicht.
Ich lieg hier und ich sehe dich nicht.

Nur Bilder von dir in meinem Kopf und Erinnerungen an die Zeit mit dir, die bleiben mir.
Ich frag den Mond, ob er dir bringen kann von mir einen Gruß und einen Kuss.

Nun träum ich mit offenen Augen von dir und deinem Gesicht.
Ich such dich, doch ich find dich nicht.
Ich versuch' mit Gedanken dich zu erreichen, bald muss der Mond der Sonne weichen.
Die Nacht voll von Gedanken und Träumen von dir sich langsam zu Ende neigt.
Sehnsucht und Verlangen bleibt.

Oh Liebste, könntest du doch bei mir sein, ich wäre nicht allein, könnt' halten dich und küssen.
Könnt' dir zärtlich sagen, dass ich möcht` dich nie mehr missen. Liebste, allein in mondheller Nacht tausend Gedanken an dich gedacht.

∞

Draußen tobt der Sturm, ein Gewitter naht

Die Baumwipfel wogen im Gewitterwind, die Wolken dunkel und wasserträchtig. Die Luft ist schwül, der Himmel düster, in Schwarz und Gelb. In der Ferne erstes Donnergrollen und vereinzelt schon hört man ein Klopfen auf Dächern und Asphalt. Die Tiere im Wald flüchten, suchen einen Unterschlupf.

In meinem Herzen tobt auch ein Sturm, naht ein Gewitter, nur dass statt den dunklen Wolken, die Sehnsucht mächtig, gefüllt mit Verzweiflung naht. In meinem Inneren zieht sich alles zusammen, schnürt mir ab den Atem. Ich bin müde, sehr müde, doch ich kann nicht schlafen. Quälende Gedanken mir den Schlaf rauben, hab so Sehnsucht nach dir, nach meiner Liebsten. Blitze zucken draußen in dunkler Nacht, der Regen prasselt an die Fenster, die Tropfen bahnen sich ihren Weg nach unten. Dies Geschehen, nehme ich nebenbei wahr, starre in das Fernsehgerät, ohne zu wissen, worum es geht.

Während ich so auf das Fenster starre, den Lauf der Tropfen folge, merke ich erst, dass auch an meinem Gesicht stumm und regungslos sich Tränen einen Weg nach unten bahnen. Ich wische die Tränen weg, ohne meinen Blick abzuwenden. In meinem Kopf bin ich wieder in diesem düsteren Raum meiner Seele angelangt, finster, ohne Boden und erfüllt mit Angst und Zweifel. Ab und zu wandert mein Blick zum Mobiltelefon. Nichts, das Display ist aus, kein Hinweis auf eine Nachricht, eine Nachricht von dir, kein Zeichen um meine Sehnsucht zu lindern. Nichts!

Ein Blick auf die Wanduhr im wechselnden Licht, mal hell zuckend, mal finster, es ist noch nicht Mitternacht,

ein Blick zum Fernseher, der Film ist jetzt ein anderer, denke ich.
Meine Brust ist eng, das Schlucken mühsam, mein Herz schwer, ich überlege mir laut zu schreien, mach es aber dann doch nicht, sinniere wieder leise vor mich hin, begleitet von einer Geräuschkulisse aus dem TV-Lautsprechern und dem Donnergrollen.
Ich hör mein Herz gar nicht schlagen, denke ich, doch das kann nicht sein, denn dann hätte ich ja auch keine Sehnsucht mehr in mir und würde nicht an dich denken. Oder doch?
Ist dieser Seelenschmerz immer da? Und ist diese Sehnsucht ewig? So wie die Liebe, die ich für dich fühle? Und liebst du mich auch so sehr?
Quälende Gedanken und Fragen. Draußen hat sich der Sturm, das Gewitter gelegt, es regnet noch leicht.
Doch ich bin noch tief drinnen in diesem dunklen Raum meiner Seele und schwer mein Atem.
Ein Blick auf mein Smartphone sagt mir: Nichts! Ein Blick auf die Uhr sagt mir: knapp zehn Minuten sind erst vergangen.
Kurz ein Gedanke daran, wie schnell die Zeit vergeht, wenn wir uns nah sind, wenn wir unsere Wärme spüren können. Wenn!
Ich schaue wieder, zuerst aufs Telefon, dann auf die Uhr, atme aus. Nichts.
Soll ich schon wieder schreiben an dich?
Nein, denke ich, das tue ich wahrscheinlich schon zu oft und zu viel, weiß ja, dass du heute am Fest bist. Es soll dir da gut gehen und du sollst es genießen und dich nicht von mir „torpediert" fühlen, dafür liebe ich dich viel zu sehr. Ich möchte` ja lernen mit dieser Sehnsucht umzugehen, denke ich so bei mir.
Ich hatte dieses Gefühl noch nie vorher so stark, hab' nie so geliebt bisher.

Ich versuch mich abzulenken und schaue mir ein Foto an von dir. Wie schön du bist. Deine Augen, dein Gesicht. Kurz flattern die Schmetterlinge in meinem Bauch heftig und ungestüm, ich schau mir ein Bild von uns zwei an, es tut weh!
Dein Lächeln, und du bist in meinem Arm. Ich atme tief durch.
Ein Blick auf mein Telefon und dann zur Uhr, wieder zehn Minuten, es wird eine lange, sehnsuchtsvolle und schlaflose Nacht. Diese Sehnsucht nach dir, ich kann es nicht wirklich beschreiben, nicht wirklich erklären nur fühlen und spüren.
Ich denk mir grad', dass ich dir von hier aus sag`, ich liebe dich so sehr, dass du es hörst, tief in dir.
Dass du es spürst, was ich für dich empfinde. Ein schöner Gedanke, während mein Herz schwer wie Blei.
Wieder zehn Minuten und noch nicht Mitternacht, ein Blick in den Fernseher, der Film scheint noch derselbe zu sein. Ein Blick in mein Inneres, meiner Seele, er ist schwarz, wie draußen die Nacht. Ich sehne den Tag herbei, sehne mich nach einer Nachricht von dir.
Wieder wandern meine Blicke, TV, Uhr, Smartphone, noch zehn Minuten bis Mitternacht.
Plötzlich eine Nachricht von dir, ich liebe dich, ist alles was ich denke.
Und doch ich wein', fünf Minuten noch bis Mitternacht.

∞

Ich sitz auf einer Bank am See

Sitze ganz allein auf einer Bank am See und warte auf den Sonnenaufgang.
Der Platz neben mir ist leer, wünschte mir, du meine Liebe säßest mit mir jetzt auf dieser Bank.

Der See würde sich in deinen wunderbaren Augen widerspiegeln, ich würde mich darin verlieren beim Blick in dein Gesicht. Könnte dich fest an mich drücken, sodass du meine Wärme, mein Feuer in mir spürst, das für dich lodert, seit ich dich kenne.

Wenn dann die Sonne langsam hinter dem Horizont auftaucht, stell ich mir vor, dann küssen wir uns zärtlich, die ersten Sonnenstrahlen berühren unsere Haut, unser Gesicht, warm und weich.

Wir berühren uns an den Händen und halten uns. Ein tiefes Gefühl von Zufriedenheit und Glück unsere Körper durchströmt und die Seelen schweben lässt.

Du an meiner Seite, was könnte ich je mehr wollen, je mehr an Glück und Zufriedenheit erfahren. Du an meiner Seite, Wärme und Liebe, Lust und Verlangen. Begehren.

Ich möchte jeden Morgen in deine Augen schauen, in dein Gesicht, deine Haut spüren, deine Lippen berühren und sagen ich liebe dich. Ich denk` so sehr an dich!

∞

Ich verbrenne innerlich ...

Ich verbrenne innerlich, es lodert, frisst sich durch mein Herz, meine Seele, Angst schnürt meinen Brustkorb zu.

Es schmerzt, mein Puls pocht, ich schwanke zwischen Hoffnung und Resignation.

Fragen quälen mich, willst du mich auch so sehr wie ich dich?

Tief in mir spür' ich, ich mag nicht mehr ohne dich. Muss ich wirklich gehen?

Muss ich wirklich sterben?

Um zu leben?

Ich bin so weit, wenn es sein muss, geh' ich.

Hatte ich in der Vergangenheit nicht den Mut und die Tiefe dies zu tun, so sehe ich jetzt die Chance den Flammen und den Schmerz zu entfliehen.

Frei zu sein in einem anderen Leben.

Ich verbrenne innerlich, alles was ich brauche, was ich möchte, dich!

Ich werde dich und ein paar wenige Freunde vermissen.

∞

Tagtraum

Ich schaue auf die Berge, dem wolkenlosen Himmel und träum grad` mit offenen Augen, wenn du jetzt bei mir wärst in dieser lauen Nacht, mit mir draußen auf der Terrasse.
Ich würde uns ein Lager bauen mit Decken für später, jede Menge Kerzen bereitstellen für die Nacht. Wir liegen uns in den Armen und schauen in den Sternenhimmel, Haut an Haut.
Wir spüren unsere Wärme, unsere Herzen schlagen im Gleichklang, wir küssen uns innig, zärtlich und leidenschaftlich. Wir sehen uns an, die Kerzen brennen, in der Zwischenzeit, die Sterne funkeln am Firmament. In uns brennt das Feuer des Verlangens, des Begehrens.
Wir lieben uns intensiv und leidenschaftlich, wir sind nur wir, ich spür mich so sehr in dir, es ist unbeschreiblich wie immer. Ein Zustand der Schwerelosigkeit, es ist schon mehr als Liebe sein kann, es ist so, wie es ist, himmlisch, unglaublich und wunderbar, wenn wir uns lieben.
Eine Nacht mit dir unterm Sternenzelt, als ob all die Sterne nur für uns leuchten, ob der Unsterblichkeit unserer Liebe.
In dem Moment, wo wir eins sind, wird ein neuer Stern geboren in einer neuen Galaxie, im unendlichen All, ein Urknall. Ich liebe dich!

So schön wäre es, wenn du wirklich da wärst. Eine solche Nacht unter den Sternen, das glaube ich fest, erleben wir noch.

∞

Mein Herz

Sehnsucht drückt auf meine Brust, mein Herz schlägt langsam und schwer.

Ich denk mich zu dir, versuch mir vorzustellen du wärst hier.

Traurige Gedanken breiten sich in meinem Kopf aus, will denken an unsere schöne Zeit zu zweit und ans nächste Wiedersehen, doch irgendwie gelingt es nicht.

Du fehlst mir so sehr, diese Zeit ohne dich ist für meine Seele so leer.

Ich zähle die Sekunden und die Stunden, bis ich zumindest deine Stimme wieder hören kann.
Traurigkeit im Herzen bis dann.

Ich wünsche mir die Zeit bis zum Wiedersehen soll rasch vergehen.

In meinen Armen, wenn ich dich halte und in deine Augen sehe, die Sehnsucht weicht der Zärtlichkeit.

Die Dunkelheit in mir ersetzt durch Leidenschaft und Liebe, ein Kuss von dir mich wieder leben, mein Herz wieder vor Freude schlagen lässt.

∞

Du hast

Du hast mir ein Leben lang gefehlt, so fühlt mein Herz und meine Seele, wenn ich dir in die Augen sehe und wenn ich fern von dir.

Dieses großartige, unbeschreiblich' schöne Gefühl von Zärtlichkeit und Liebe in mir.

Dein Lächeln gibt mir das Gefühl zu schweben und lässt mich ringsherum alles vergessen, nur Glück ich empfinde und Dankbarkeit, dass ich es bin, der dir Leidenschaft und Zärtlichkeit geben darf.

Deine Berührungen so aufregend, deine Küsse süßer als Honig und dein Körper einer Göttin gleich.

Ich kann es mit Worten nicht beschreiben, wie sehr ich dich begehre, dich brauche und dich vermisse.

Sehnsucht ist mein Begleiter bis zum nächsten Wiedersehen, bis wir wieder in unseren Himmel fliegen.

Du hast mir immer schon gefehlt und jetzt kenn ich und liebe dich.

∞

Danke

Ich danke dir für den Himmel auf Erden, den du mir gibst und dass ich dich lieben darf.

Die Zeit mit dir ist wunderschön, so unbeschreiblich schön, es fehlen mir die Worte dafür um es zu beschreiben.

Mit all meiner Leidenschaft und Zärtlichkeit will ich dir zeigen, wie sehr ich dich begehr'.
Beim Blick in deine Augen möchte ich bis in alle Ewigkeit so mit dir vereint sein, wie wir es die letzten Tage waren, kann mir nichts Besseres und Schöneres vorstellen.

Ich danke dir für alles, was du mir gibst, es ist mehr, viel mehr als ich bisher je hatte.
Ich danke dir für deine Gefühle für mich.
Ich bitte dich um Verzeihung, wenn ich manchmal nicht korrekt reagiere.

Ich danke dafür, dass es dich für mich gibt.
Ich danke dir für die gemeinsame Zeit, du bist ein ganz besonderer, wunderbarer Mensch für mich, ich kann nur ehrlich und aufrichtig sagen, ich liebe dich!

Ich küsse dich in Gedanken lang und zärtlich, schau' dir dabei in deine wundervollen Augen und kann mein Glück gar nicht richtig fassen. Ich danke dir.

∞

Auf den Schwingen

Auf den Schwingen der Sehnsucht fliegt mein Herz zu dir.

Ich wünschte mir so sehr, du wärst jetzt bei mir.

Die Sehnsucht meiner Seele nach deiner Wärme überwindet Zeit und Ferne.

Am klaren Nachthimmel leuchtet der Mond und Millionen Sterne.

Sie alle leuchten meiner Sehnsucht den Weg zu dir.
Oh Liebste, wie sehr ich dich begehre.

In jeder einsamen Nacht an die Zärtlichkeiten mit dir ich denke, all meine Liebe ich dir schenke.

Sende dir auch meine dürstende Seele nach deiner Liebe, soll dir überbringen, dass ich immer an dich denke.

Leidenschaft ich stets für dich hab in mir und den Traum vom Wir

∞

Gedanken, Leben, Liebe

Gedanken dringen tief und intensiv in mein Unterbewusstsein, berühren Herz und Seele, wandern immer wieder an die Oberfläche.
Mal schwer und melancholisch, es drückt zu mir die Brust unter der Gedankenlast, die Atmung flach und zaghaft fragend.
Mal leicht und freudig der Quell von Gedanken an schönen Erinnerungen und himmlischen Gefühlen, mein Herz im freudigen Takt und die Sonne hell bis in die Seele scheint.
Die Liebe nährt meine Gedankenwelt und Phantasie. Hoch hinaus in ungeahnte Höhen und dann wieder im Sturzflug zurück auf die Erde. Ein Auf und Ab von Gedanken und Gefühlen, die sich auf den Körper übertragen.
Flauer Magen, Appetitlosigkeit dann wieder Heißhunger und das Gefühl von Kraft und Stärke. Die Liebe ist im Stande einem das Leben erfahren zu lassen, das Leben wahrzunehmen mit all seinen Facetten. Wunderbare Empfindungen, Flügel verleihen und das Gefühl von Schwerelosigkeit, schöne Gedanken. All dies Schöne kann die Liebe bewirken.
Ein Feuer der Leidenschaft und des Begehrens,
Zärtlichkeit und Geborgenheit.
Aber sie kann auch erdrücken, Finsternis und Traurigkeit, Resignation und dieses „Nicht -Mehr - Wollen", dieses Enttäuscht- und verletzt worden sein.
Die Liebe geht unweigerlich einher mit Sehnsucht und Verlangen. Sehnsucht, schmerzhaft, bitter, schön und süß zugleich.
Freude, Vorfreude, Vertrauen und wortloses Verstehen.

Liebe über Entfernung hinweg, egal wie man es sieht, sich erträumt oder wünscht, Liebe ist Liebe und sie kommt so, wie sie ist, nicht planbar, unvorhersehbar und nicht erzwingbar. Liebe ist der Menschen wichtigste Nahrung für Geist und Körper, für das Leben. Die Liebe ist das Leben.

∞

Stumme Schreie in der Nacht

Du wolltest mich anrufen, hast du gesagt. Das hat mich sehr gefreut, so gegen halb vier, hast du geschrieben. Ich konnte es kaum erwarten, um sechszehn Uhr fünfzehn die Nachricht dann, es ging leider nicht.

Ja, das ist natürlich so, dass es situationsbedingt nicht möglich war. Freue mich halt später auf eine Nachricht von dir.

Um kurz nach zwanzig Uhr eine Nachricht, bzw. Antwort, auf eine Nachricht von mir.
Und gleich darauf die Frage, unser nächstes Wiedersehen zu verschieben.

Du möchtest eine Freundin besuchen. Wir hatten dies gestern besprochen und mit großer Freude auf das Wiedersehen fuhr ich heute los. Ein Stich in mein Herz jedoch beim Gedanken an die Möglichkeit dich nicht, wie besprochen, an diesem Tag in die Arme nehmen zu können.
Ich fragte dich: diese Woche ist doch auch „er" zu Hause im Urlaub?

Worauf du antwortest, ja, aber in deinem Urlaub machst du, was du willst. Noch ein Stich und mein Brustkorb ganz eng, krieg fast keine Luft, wusste nicht, dass du die Woche auch Urlaub hast, das hast mir nicht gesagt, denke ich.
Du hast an meinen Antworten wohl gemerkt, dass ich traurig war, hast dann geschrieben, dass es dir schon wichtiger wäre, mich zu sehen.

Trotzdem weinte ich still, ich tue alles für dich Liebste, ich stelle mich auch ganz hinten an.
Tausende Gedanken mich die ganze Nacht quälten, mich nicht schlafen ließen, Sehnsucht, Fragen, Ängste.

Es tut so weh, so unglaublich weh, so schmerzhaft. Gewiss denk ich mir, es ist nichts.
Dennoch dringen stumme Schreie aus dem Inneren meiner Seele, aus dem Raum, den ich dir als einzigen Menschen zeigte, der Raum, ohne Licht, ohne Boden. Nur Dunkelheit, Schmerz und Tränen, jedoch nichts kann mich davon abhalten, dich zu lieben, auch die stummen Schreie nicht, ich stell' mich hinten an und warte auf die Zeit wo ich dich in meinen Armen halten kann.

Und sollte mein Herz ganz zerreißen, so ist es gewiss, ich liebte dich bis zu meinem Ende.

∞

(wieder einmal) Sehnsucht

Wenn ich in Gedanken nur, dich berühr', ich die Ewigkeit spür'. Ich denk' meine ganze Zärtlichkeit von mir zu dir. Denk an die Zeit vom Wir.
In meinem Kopf auch Bilder der Leidenschaft, die ich dir sende. Mein Verlangen und Begehren nach dir überwinden so den Raum der zwischen uns und auch die Zeit. Mein Herz sich so sehr auf das Wiedersehen freut.
Deine Nähe und Wärme mir so viel geben, lässt mich spüren das süße Leben.
Wortlos und in Gedanken sich unsere Blicke treffen und wir uns aneinanderschmiegen.
Liebste, ich würde so gerne jetzt in deinen Armen liegen. Deine Haut an der meinen, gegenseitig die Wärme spüren. Und mit sanften Berührungen uns verführen. Unsere Seelen steigen vereint empor, ganz hoch bis zum Himmelstor.
Die Sehnsucht trägt mich auf ihren Schwingen hoch hinauf zu den Gestirnen. Wenn du die Sterne siehst, kannst du aus ihrem Leuchten meine Liebe lesen.

Einen Berg voller Liebe

Einen Berg voller Liebe ich für dich empfind'.

Ganz weit oben am Berg ein Quell der Zärtlichkeit entspringt.

Im Inneren des Berges pocht ein großes Herz, nur für dich allein.

Die Sonne am Gipfel scheint, wenn meine Hand dich sanft berührt.
Der Fels hart und fest, keinen Zweifel an der Liebe zu dir lässt.

Der Wind meine Sehnsucht den Berghang hinunterträgt zu dir.
Wenn wir zusammen, trägt der Aufwind hoch hinauf das Glück vom Wir.

Wenn ich denk' an dich, der Gipfelwind die Leidenschaft entfacht bei Tag und Nacht.

Der Berg der Liebe allen Unbilden trotzt und auch der Zeit, in seiner Seele Liebe für die Ewigkeit.

Einen Berg voller Liebe ich für dich empfind' und endlos Glück, wenn wir zusammen sind.

∞

Meer der Sehnsucht

Der Raum zwischen uns ist gefüllt mit Sehnsucht wie das Meer. Du stehst am anderen Ufer und ich bin hier, mein Herz drängt zu dir.

Ich nehme einen Gedanken, nehme ihn als Boot, er soll auf dem Meer der Sehnsucht zu dir gelangen.

Einen Gedanken des Begehrens nach dir schicke ich ebenfalls mit auf die Reise, er wird den stärksten Wellen trotzen.
Noch einen Gedanken gebe ich mit an Bord - Verlangen, Verlangen nach dir, er ist das Segel, der den Wind einfängt um zu dir zu gelangen.

Gedanken der Liebe sende ich mit, sie sind das Ruder, navigieren zielstrebig Richtung Liebe, deiner Liebe.

Die Gedanken sollen nur nicht trinken vom Wasser der Sehnsucht, denn dadurch würde die Sehnsucht nach dir unerträglich und der Durst unstillbar.

Mein Herz geht als Passagier mit auf die Reise. So fahren meine Gedanken mit meiner Seele und meinem Herzen über das Meer der Sehnsucht zu dir, um zu überbringen Liebe, Leidenschaft und Zärtlichkeit an dein Ufer.

Alles in mir sehnt herbei den Tag, die Stunde, wo ich mit meinen Lippen berühr' deinen Mund, wo ich in deine Augen schau', lasse das Meer der Sehnsucht hinter mir. Liebe deine Nähe, deine Wärme, das wunderschöne WIR.

∞

Der Sommer ist vorbei

Der erste Herbsttag nach dem wunderbaren Spätsommer bringt weniger angenehme, niedere Temperaturen und weniger Licht.
Es regnet und ein kühler Wind weht, am Himmel Zugvögel im Formationsflug. Das passt denk ich mir, die bereiten sich vor für die Reise nach Süden, die sie demnächst antreten werden. Ich denk' an den Kachelofen und das Knistern des Feuers, an ein paar Stunden des Lesens bei gedämpftem Licht und meine Gedanken wandern zurück in den Sommer und den Frühling dieses Jahres.
Schöne, wunderbare Stunden und Tage waren dabei, Zeiten voller Gefühle und Freude.

Die Wanduhr tickt, während ich diesen Gedanken nachhänge. Mein Buch aufgeschlagen vor mir, doch ich lausche der Zeit und starre gedankenverloren auf ein Wandbild, das schön die Landschaft in der Toskana darstellt, wunderbare Landschaften und Lebensfreude beim Anblick des Bildes in meinem Kopf. Sehnsucht nach diesem unbeschwerten Leben in mir aufkeimt, dort mit dir- jetzt auf der Hausveranda auf einem Hügel. Ich schau dich an, schau in deine Augen, sie glänzen. Ein Lächeln zeigt sich auf meinem Gesicht, bei dieser Vorstellung, meiner Phantasie entsprungen.

Fest blick' ich in deine Augen, du erwiderst mein Lächeln, ein Gedanke, ich liebe dich! Dies mit dir zu erleben, mit dir zu teilen wäre doppelt so schön, denk' ich mir und das Gefühl von Verstehen, Vertrauen und im Herzen diese Liebe. Schön bist du und einen wunderbaren Körper hast du.

Könntest du jetzt doch real, hier mit mir sein, in meinen Armen.
Ich schau' durch das Fenster, die Wolken geben kurzzeitig den Blick auf die Berggipfel frei, sie sind weiß geworden. Der erste Schnee.

Gut denk` ich, für die Jahreszeit, es ist so, wie jedes Jahr, so ist der Lauf der Zeit. Ich kratz' mich am Hals, während ich so sinniere, rasieren kommt mir in den Sinn, morgen- Ja. Ich schau' wieder auf mein Buch, die Stelle suchend, wo ich zuletzt war. Zur Ostermesse hat er sich verlobt, der junge Herr Goethe, lies ich da und bereits bei der ersten Adventmesse wieder entlobt. Nicht einmal ein Jahr, überleg' ich so bei mir und vorher hatte er ja auch schon viele Bekanntschaften. Rastlos, ruhelos, suchend finde ich, in seinen jungen Jahren, der Herr Goethe, aber zielstrebig und ehrgeizig. Oh ja, in jungen Jahren, das kenn' ich auch, war's doch nicht viel anders, und nun?
Die Uhr tickt, ich schau' wieder durch das Fenster, Nebel ist aufgezogen, der Regen ist stärker geworden.

Ich blicke auf ein anderes Bild, eine Häuserreihe davor ein Fluss und dahinter hohe Berge. Ein vertrauter Anblick, das Inn- Ufer, Sankt Nikolaus- Innsbruck, mit den alten Häusern, den bunten Fassaden, der Fluss, die Nordkette, deren Gipfel sind sicher auch schon vom Schnee bedeckt, überleg' ich. Winter. Winter, da ist noch eine Zeit bis dahin, aber nicht viel Zeit kommt mir in den Sinn. Es ist wohlig warm geworden, der Kachelofen gibt sein Bestes. Wenn du jetzt da wärst, deinen Kopf an meinen Schultern, könnt ich dich halten und gleichzeitig mit der anderen Hand zärtlich durch dein Haar streichen und deine Wangen sanft berühren, einen Kuss auf deine Stirn.

Wo ist meine Jugend hin, kommt mir plötzlich in den Sinn. Warum frag` ich mich eigentlich dies jetzt?
Es liegt wohl am Wechsel der Jahreszeit, vorbei der Sommer und herbei der Herbst. Aber Winter ist noch nicht!

Und wie im Ofen, brennt auch ein Feuer in mir, ein Feuer der Liebe und der Leidenschaft. Es nährt mein Herz und hält meine Seele warm.
Die Liebe zu dir gibt mir die Kraft und die Stärke auch den kommenden Winter gut zu überstehen.

Tick – tack, die Uhr unbeirrbar im Rhythmus tickt, so ist es, denke ich bei mir, die Zeit, sie fließt unaufhörlich.

Kostbar ist sie, das ist gewiss, kreist es in meinen Gedanken. Nutze sie, um zu leben und zu lieben, um zu geben und glücklich zu sein tönt es in meinen Inneren. Mein Blick fällt währenddessen auf den Herrgott an der Wand; dankbar bin ich dir für alles, dankbar für dieses Leben, das du mir gegeben, denke ich und schlaf' darüber am Sofa ein.

Schwer und tief

Schwer ist mir ums Herz. Tief drin in mir, ich dunkle Gedanken verspür`. In meinem Kopf Gedanken von Verzweiflung, Kummer und Sehnsucht kreisen. Es schnürt die Luft mir ab, sehe Bilder düster und schwarz vor meinen Augen, möchte sie verjagen und an was Schönes denken und glauben. Mein Herz schlägt langsam und schwer, es scheint, als wollte es nicht mehr. Ich kann die Bilder im Kopf nicht klarsehen, nicht deuten und nicht verstehen. Ich streng mich an, versuch` es, versuch` Licht in das Dunkel zu lassen, öffne meine Augen weit und schau zum Fenster hinaus. Doch starr ich nur wie durch hohle Röhren auf einen Baum, auf dessen Ästen ein Rabe sitzt und krächzt. Meine Seele schmerzt, du bist nicht hier meine Liebe, bist nicht neben mir, kann dich nicht spüren, deine Nähe nicht fühlen und atmen deinen Duft, ich spreche zu mir selbst: Ihr finsteren, Gestalten hinfort mit euch, zurück in eure Gruft. Ach, Liebste wärst du hier, dann wäre so viel Licht, so viel Wärme um mich herum und keine düsteren Gedanken mehr und das Herz, es würde freudig schlagen. Während die Sehnsucht an mir nagt, dein Bild immer klarer wird vor meinen Augen, der Druck in meiner Brust lässt nach, ich sehe dein Lächeln vor mir, deinen süßen Mund. Ich fühl mich leichter und tief in mir wird es heller, mein Herz schlägt beim Gedanken an einen Kuss von dir wieder schneller. Die Sehnsucht nach dir hatte mich ganz fest im Griff, doch beim Gedanken an das Schöne mit dir, das Dunkle von mir wich. Verlangen und Leidenschaft nun in meinem Herzen. Meine Seele wieder leicht und weit. Jetzt könnte ich weinen vor lauter Freud.

Ich möchte dir

Ich möchte dir so viel geben Liebste, weil du mir so viel bedeutest, so viel gibst und mich mit nur einem Wort, geschrieben oder gesagt, glücklich machst.

All meine Zärtlichkeit und Liebe gebe ich dir dafür, hoffe, dass du es annimmst und mich auch liebst.

Du weißt, wie sehr mein Verlangen nach dir, wie groß, meine Sehnsucht und Hunger nach deiner Zärtlichkeit und Liebe.

Ich küsse dich in Gedanken voller Leidenschaft und Zärtlichkeit.

∞

Zyklus des Lebens (Gedankenspiel, beim stillen Gedenken an einen verstorbenen Freund)

Geboren werden. Aufwachsen, Familie, Geborgenheit zu Hause? Oder allein gelassen, in der Fremde, kein zu Hause? Leben als freier Mensch? Als moderner Sklave? In der Natur, mit der Natur leben, sehen, fühlen, spüren und verstehen? Mit der Masse vegetieren, Streben nach Macht, Geld? Liebe geben, Liebe erfahren, Liebe leben? Oder voller Hass und Neid erfüllt, Gier und Unzufriedenheit? Sterben, Abschied nehmen, zufrieden? Alleingelassen, Schmerz und Bitterkeit? Oben und unten, Plus und Minus, Gut und Böse? Existiert das Eine ohne dem Anderen? Leben ist nicht gleich Leben, oder doch? Fragen.
Die Antwort(en), während des Lebens ändert(n) sich, wie die Fragen. Und am Ende? Es bleibt für uns Lebenden ein Mysterium.

Blues Of Desire (Songtext)

Oh` Babe it hurts when you're not here by my side. Yes, yes.
I feel heartache in my chest, oh babe I think I die, come to me my babe, don't make me cry.
Oh` Babe it hurts when you're not here by my side. Yes, yes.
I need your love, and your closeness and I miss your kiss. Yes, yes.
Mmmh, only happy when we kiss.
Need your touch and the warmth of your skin, you're what I miss.
Oh, Babe it hurts when you're not here by my side. Yes, yes.

I wann`a look into your eyes, to see heaven inside, you always- give to me, when we love us in the night.
Mmmh, I give my heart, my soul to you, I give it away. I only want you to stay.
Oh` Babe it hurts when you're not here by my side. Yes, yes.
I feel heartache in my chest, oh babe I think I die, come to me my babe, don't make me cry.
Oh, Babe it hurts when you're not here by my side. Yes, Yes.
I need your love, and your closeness and I miss your kiss.

∞

Melancholie

Ich liebe dich! Mir geht es nicht gut, wenn du so fern bist von mir, dann wünsche ich mich so sehr zu dir. Doch all das Wünschen und Träumen führt nur hinab ins Dunkel meiner Seele. Wenn ich nichts hör von dir, keine Antwort krieg auf Fragen und Gefühle, Traurigkeit einhüllt mein Herz. Endlos und leer scheint die Zeit ohne dich, ohne deine Nähe und Wärme.

Schwer sind Gedanken, dunkle Räume und kein Licht, klar zu denken fällt mir schwer, Sehnsucht und ein Tränenmeer tief drinnen in meiner Brust. Es scheint, als ob die Melancholie mich gefangen hält, mich umklammert und lässt mich nicht mehr los, bis ich endlich wieder deine Stimme hör'. Und wenn dann die Stunde gekommen ist, wo ich dich in meinen Armen hab' und meine Lippen berühren deinen Mund, dann plötzlich helles Licht in mein Inneres dringt, mir wieder Hoffnung, Liebe und Glück bringt.

Vorbei für einige Zeit mit der Traurigkeit und der Finsternis, doch die Melancholie kommt wieder ganz gewiss, wenn du wieder fort bist und das Warten von neu beginnt, je länger die Zeit bis zum Wiedersehen, umso größer die Sehnsucht. Traurigkeit wieder einkehrt in mein Herz, das bittersüße Warten auf ein Wiedersehen.

∞

Ein Blick

Ein Blick in deine Augen und ein Kuss voll von Zärtlichkeit und der Geschmack von Leidenschaft auf den Lippen hat in mir ein Feuer entfacht, das lodert an jeden Tag und besonders in der Nacht.
Wenn mein Herz sich nach dir sehnt, dann träume ich von einem nie endenden Kuss der Liebe, voller Zärtlichkeit und Leidenschaft und den verlangenden Blick in deinen Augen.
Das Feuer in mir lodert vor lauter Begehren und Lust deine Haut zu fühlen, dich zu berühren, mit dir eins zu sein. Ich vermisse dich Liebste jeden Augenblick, den du nicht bei mir bist, habe noch nie so vermisst.
Komm zu mir, komm in meine Arme und leg' deine Lippen auf die meinen für diesen einen, nie enden wollenden Kuss.

Dunkle Seele

Vertieft und gedankenverloren, die Seele dunkel und das Herz schwer. Bittersüße Erinnerungen und Träume. Liebe tut weh, wenn man entfernt. Kann nicht fühlen und spüren der Liebsten Haut, bräuchte die Wärme jetzt und die Nähe; würde sie liegen hier, könnt' atmen hören ich die Liebste, dann spürte ich auch das süße Leben in mir. So hat mich die Traurigkeit fest im Griff, Gedanken auf dem Meer der Sehnsucht, wie ein dunkles Schiff auf- und ab- wogend, einmal den Himmel entgegen, dann wieder Richtung Meeresgrund. Ungeheuer in den Tiefen der Sehnsuchtssee.
Ein Hoffnungsschimmer am Horizont, der Mond, er könnt' überbringen eine Botschaft der Liebsten mein, könnt' ihr flüstern, dass ich möcht' bei ihr sein. Auch einen Kuss, soll er überbringen und ihr sagen: ohne ihre Liebe und Nähe ich erfrier. Meine Seele taucht hinab in die Untiefen bis auf den Grund.
Gedanken an die schöne Zeit zu zweit, meine Seele wieder hinauf, an die Oberfläche treibt, dem Lichte, der Liebe entgegen. Ein Hin und Her wie der Gezeiten stetig Bewegung, so die Gefühle auch, ich spür' sie tief im Bauch. Liebste, fühlst du? spürst du es auch? Beim nächsten Wiedersehen werden alle finsteren Gedanken wieder vergehen.
Die Sonne scheinen wird hell und wärmen unsere Herzen.
Später dann, wenn wir uns wieder trennen müssen, kommen sie wieder, der Liebenden Schmerzen.

∞

Ich, werde 54

Ich werde 54, denk ich grad' in diesem Augenblick. Vierundfünfzig, das ist mehr als die Hälfte von Hundert. Viele Fragen in meinem Kopf und stille Antworten gedacht.

Was bedeutet das jetzt? Bedeutet es überhaupt etwas? Was kommt noch?

Was war bisher? Was ist gerade?

Feststellung: mir geht es gut! Ja, gut.

Probleme? Gesundheit?

Das Übliche, nicht mehr und nicht weniger.

Routine. Lebensroutine? Oder Alltag?

Blick in den Spiegel. Wie sehe ich aus? Sieht man das Alter?

Feststellung: siehst gut aus für dein Alter, auch wenn man es sieht. Natürlich, mit vierundfünfzig!

Wie sehe ich mit 65 aus? Falls ich es erlebe? - Ja, erlebe? Ich erlebe es! Ich will auch noch den 70er und mehr erleben! – Gedankenpause.

Im Ruhestand dann das tun, was ich immer schon gern getan hätte und mangels fehlender Zeit, noch nicht getan bis jetzt?

Was wollte ich alles tun - Dann?

Und was war bis jetzt? Habe ich alles richtig, gemacht?

Habe ich Fehler gemacht?

Hätte ich es anders machen können? Sollen?

Feststellung: Nein! Es war so, wie ich es wollte, wie ich es gemacht habe.

Vergangenes kommt nicht wieder, was gesagt wurde, kann nicht zurückgenommen werden, was getan, nicht rückgängig.

Bin ich zufrieden? Bin ich glücklich?
Feststellung: Ja ich bin gesund, habe Arbeit und kann mir einiges leisten -zufrieden? Ja!
Ohne gesund zu sein kann man ja alles andere sowieso vergessen!
(Erkenntnis des Alters?)
Glücklich? Ja, sehr sogar, sehr!
Warum?
Ich bin mit 54 verliebt!
Mit 54! Hätte ich mir so, mit z B.: Fünfzig nicht gedacht.

Feststellung: Liebe, Zuneigung, Zärtlichkeit und Leidenschaft machen glücklich, erfüllen das Leben, egal wie alt man ist.

Ich bin dankbar und demütig für diese Erfüllung in der Liebe, das lässt mich vergessen manch' schwere Stunde.
Frage: Gibt es die wahre Liebe?
Feststellung: Ja ganz sicher, ich bin reif für diese Liebe, bereit alles zu geben, bedingungs- und kompromisslos, bereit diese Liebe anzunehmen und zu leben!
Was nun?

Ich genieße diese Liebe, dieses Leben, Liebe geben und empfangen. Die kurze Zeit, die noch vor mir liegt, deshalb kurz, weil mit jedem weiteren Lebensjahr es scheint, dass die Zeit noch schneller vergeht und ich möchte noch so viel machen und tun.
Die Zeit ist begrenzt, dass wird mir mit jedem Jahr, das vergeht, bewusster. Kostbar sind die Stunden, Tage und Monate. Kostbarer und unbezahlbar, als alles Geld in dieser Welt.

Nächstes Jahr werde ich 55.

Meiner Seele Zuflucht

Meiner Seele Zuflucht sind stets Gedanken an dich und die gemeinsame Zeit mit dir.

Wie ein Lichtstrahl das Dunkel teilt und die Finsternis erhellt, so dringt das Licht in mich, beim Gedanken an dich.

Dort wo nichts war ist nun eine Flamme voller Wärme und hellen Schein. Es ist, als würde ich nah bei dir sein.

Geborgen in deiner Liebe und genährt mit deiner Leidenschaft, erfüllt meinen Geist mit neuer Kraft.

Gefühle von Leidenschaft und Begehren dieses Feuer in mir stetig nähren.

Ich könnte mich vor lauter Sehnsucht nach dir verzehren.

Einige Zeit noch muss ich dich entbehren, bis endlich dann ich schwebe, bebe und lebe in deinem Lichte.

Bis dahin dein Bild im Refugium, in meinem Herzen und tief in meiner Seele drin.

Bis ich dann wieder im Himmel bei dir bin.

∞

Ein Jahr ist vorbei

Ein Jahr ist so schnell vorbei. Alles in diesem Jahr war dabei.
Liebe, Streit, Geburt und Tod, Überfluss und Genuss.
Ärger und Freude, Hoch und Tief, der Haussegen hing schief. Erfolg, Neid und Stichelei.
Einfach leben und wieder ein Jahr, am Ende ist alles einerlei.
Ein neues Jahr beginnt, die Zeit in Windeseile verrinnt, in meinem Alter gibt's keine Langeweile.
Ein Rückblick, wozu?
Vorwärtsschauen und nehmen was da kommt, ist gescheiter und Erfahrung bringt dich weiter.
Die Zeit, ob Jahr, Stunde, Minute und Sekunde, nichts davon kehrt wieder.
Leben, lieben und bewusst erleben, nicht nur nehmen, sondern auch geben.
Das ist ein Jahr, die Zeit, wo wir wirklich leben.

Mit jedem Tag

Mit jedem Tag, der vergeht, ohne dass ich dich real in meinen Armen halte und dich küsse, wird mir noch intensiver bewusst, wie sehr ich dich vermisse.

Es ist diese bittersüße Sehnsucht, dieses Verlangen nach dir, ganz tief in mir.

Sehne den Tag herbei, wo ich dich fühlen und spüren kann, bevor ich erfrier.

Den Tag, an dem ich dir in die Augen schauen kann, diesen wunderbaren, wunderschönen Augen.

Den Tag, an dem meine Lippen, die deinen berühren, den Tag, wo ich kann das Leben wieder spüren.

Deine Wärme gibt mir so viel Kraft, Kraft, die nur wahre Liebe schafft.

Den Tag, an dem ich wieder bebe, unbeschreiblich', wunderbare Zeit, Gefühle mit dir erlebe, mit dir gegen den Himmel schwebe.

Alles in mir sehnt sich und will zu dir. Meine Liebe zu dir wächst mit jedem Tag, wie die Sehnsucht in mir.

Ich brauche dich.

∞

Wenn die Sehnsucht mich nicht schlafen lässt

Wenn Bilder im Kopf und Träume mich die ganze Nacht wachhalten.
Wenn Verlangen und Begehren meine Phantasie anregen und wenn die Lust zwischen meinen Lenden groß.
Wenn die Zeit nicht vergeht, wenn sie stillsteht, dann find ich keinen Schlaf, kann denken nur an dich.
Zu lang ist es her, dass ich dich in meinen Armen hielt, zu lang her, dass wir uns küssten.
Die Zeit bis zum Wiedersehen, die will nicht vergehen.
Die Zeit erfüllt mit tausend Wünschen und Gedanken schwer.
Zeit ohne Liebe und der Gefühle leer.

Wenn die Sehnsucht mich nicht schlafen lässt.

(Wieder) Sehnsucht

Wenn ich in Gedanken nur, dich berühr', ich die Ewigkeit spür'.

Ich denk' meine ganze Zärtlichkeit von mir zu dir,
denk an die Zeit vom Wir.
In meinem Kopf Bilder der Leidenschaft, die ich sende zu dir.

Mein Verlangen und Begehren nach dir überwinden so den Raum der zwischen uns und auch die Zeit.
Mein Herz sich so sehr auf ein Wiedersehen freut.

Deine Nähe und Wärme mir so viel geben, lassen mich spüren das süße Leben.

Wortlos und in Gedanken sich unsere Blicke treffen und wir uns aneinanderschmiegen.

Liebste, ich würde so gerne jetzt in deinen Armen liegen.
Deine Haut an der meinen, gegenseitig die Wärme fühlen.
Und mit sanften Berührungen uns verführen.

Unsere Seelen steigen vereint empor ganz hoch bis zum Himmelstor.

Die Sehnsucht trägt mich auf ihren Schwingen hoch hinauf zu den Gestirnen.

Wenn du die Sterne siehst, du aus ihrem Leuchten meine Liebe liest.

Wann i di net

Wann i di net g'spür', so viel Sehnsucht in mir.

Wann du bist net bei mir, i innerlich frier`.

Wann i die Wärm' net fühl', i am lieabsten nimma atmen wül.

Ich, hab' so Verlangen nach dir, nach deiner Näh', immer wann i di net seh'.

An Kuss von dir, des war hiatzt so guat, gab mia wieda frischen Muat.

In meine Arm', hätt' i di a so gern und in deine Augen schau'n, die scheana san, als die scheansten Stern.

Ich vermiss' di sehr mei Liabste, mei Schatz und denk die ganze Zeit an di, wia liab i di hob und wia sehr das i di mog.

I begehr' und brauch di.

Wenn ich dich nicht

Wenn ich dich nicht spüre, ist so viel Sehnsucht in mir.

Wenn du bist nicht bei mir, ich innerlich erfrier`.

Wenn ich deine Wärme nicht spüren kann, möchte ich am liebsten aufhören zu atmen.

Ich habe so Verlangen nach dir, nach deiner Nähe, immer wenn ich dich nicht sehe.

Einen Kuss von dir, das wäre jetzt so gut, gäbe mir wieder frischen Mut.

In meinen Armen hätte ich dich auch so gerne und in deine Augen schauen, die schöner sind, als die schönsten Sterne.

Ich vermisse dich sehr meine Liebste, mein Schatz und denke die ganze Zeit an dich, wie lieb ich dich habe und wie sehr, dass ich dich mag.

Ich begehre und brauche dich.

∞

Mein Herz schlägt

Mein Herz schlägt für dich über die Entfernung hinweg im Rhythmus deines Herzens, so bin ich nur einen Herzschlag von dir, meiner Liebsten entfernt.

In meinen Gedanken liegt mein Kopf auf deiner Brust und ich lausche dem Klang deines Herzschlags.

Ich fühle das Heben und Senken, wenn du atmest, lausche in dich hinein. Ich würde so gern bei dir sein, ganz eng an dich geschmiegt, Haut an Haut, mit deinem Duft in meiner Nase, so vertraut.

Tief atme ich durch und hör mein Herz schlagen, es schlägt in Gedanken im Takt mit dem deinen.

∞

In meinen Träumen

In meinen Träumen gibt es eine Hütte nur für uns zwei. Jeden Tag träum' ich mich in unsere Hütte und in meiner Phantasie gibt es dort nur Leidenschaft und Zärtlichkeit. Dort in unserer Hütte sind wir von allen Zwängen befreit. Dort in unserer Hütte, Liebe, wortlos' verstehen und wunderbare Zweisamkeit.
Mit geschlossenen Augen sich unsere Lippen berühren, mit geschlossenen Augen deine Haut zu berühren. Mit den Fingerspitzen deinen Körper erkunden, endlos glückliche Minuten und Stunden.
Wir schauen uns ganz tief in unsere Augen, wenn wir uns spüren und alles auf der Welt uns gehört, wenn nichts außer das Wir und gemeinsames Schweben. Unsere Körper beben, verschmelzen zu einem, auch in Gedanken sind wir eins. So könnte es bleiben, träume mich bis in alle Ewigkeit. In unserer Hütte und der Zweisamkeit.

Zwei Herzen

Zwei Herzen sich liebend finden, sie versuchen die Entfernung zu überwinden.
Zwei Herzen sich begehren, sie müssen sich in ihrem Umfeld wehren.
Zwei Herzen sich gefunden, nach vielen Jahren ohne Liebe und mit Wunden.
Zwei Herzen nun glücklich, wenn sie vereint, der Wunsch nach ewiger Zweisamkeit sie in Gedanken vereint.
Zwei Herzen im Gleichklang schlagen und gemeinsam diese Liebe tragen.
Zwei Herzen dem Himmel so nah hier auf Erden, wollen eins nur werden.
Zwei Herzen sich wortlos verstehen und gemeinsam gehen und fliegen.
Zwei Herzen, sie sind getrennt, in ihnen ein Feuer der Leidenschaft brennt.
Zwei Herzen, die die Liebe befreit, umarmen und küssen sich voller Zärtlichkeit.
Zwei Herzen in einer Seele, du und ich, gemeinsam ein ich liebe dich.

Leidenschaft

Wahre Leidenschaft kann man nicht erfinden, wahre Leidenschaft nur, wenn man wirklich liebt empfinden.

In der Zärtlichkeit, der Berührung und Worte der Liebe und des Verlangens, sie sind die Nahrung der Leidenschaft.

Küssen und der Liebsten Haut spüren, mit Blicken und Gesten die Liebste verführen.

Ihren Körper mit Lippen und Zunge benetzen.
Allein Gedanken daran die Liebenden in Ekstase versetzen.

Fühlen und spüren, was die Liebste mag, sich bedingungslos dem anderen zu geben, dann wird man wahre Leidenschaft erleben.

Gedanken, Träume

Gedanken, Träume; Tagträume in meinem Kopf, Bilder von dir, von uns projizieren.

Bilder in meinen Inneren, die Sehnsucht zu lindern, das Verlangen nach der Nähe zu mindern.

Schöne Bilder von Stunden des Glücklichseins mit dir, Zeit der Zärtlichkeit und vom Wir.

Leidenschaft und wortlos verstehen beim tiefen Blick in deine Augen.

Sehnsucht mich begleitet am Tag und in der Nacht, voll zärtlicher Gedanken an dich gedacht.

Spaziergang an einem (2.meteorlogischen) Frühlingstag

In Mutter Natur, wo nicht der Menschen Hand gestaltet, der Winter noch seines „Amtes" waltet.

Das Gras nicht grün, sondern braun, noch fast keine Pflanzen sich aus der Erde trauen.

Ganz zaghaft neue Triebe sich an Ästen von Büschen und Sträuchern ankündigen durch leichte Erhebungen und Farbabstufungen, kaum sichtbar und dennoch da.

Man sieht noch nicht viel, doch spürt und riecht man es, der Frühling ist nah.

In den Nasen kribbelt es schon, erste Bäume ihre Pollen mit dem Wind auf die Reise schicken, schon bald kann man Neues und Frisches erblicken.

Der Kreislauf von Mutter Natur erneut beginnt mit neuem Leben und zeigt uns mit seiner Pracht, der Natur großer Macht.

Jedes Jahr auf das Neue ich mich so auf dies grandiose Schauspiel freue.

Es wärmt mein Herz und tut der Seele so gut, gibt nach dem langen dunklen Winter mir wieder Kraft und neuen Mut. Mit Sehnsucht erwarte ich dich Frühling und deine Kraft, sie weckt auch in mir Leben und Leidenschaft.

∞

Liegst du in meinen Armen

Liegst du in meinen Armen und ich drück' dich fest an mich.
Wir halten uns, liegen Haut an Haut,
zärtliche Küsse und tiefe Blicke in unsere Augen, kann mein Ich spüren in dir.

Dein Kopf auf meiner Brust, ich streichle dir durch dein Haar.
Dein Duft in meiner Nase so wunderbar.

So könnt' ich liegen Stunde um Stunde, mit dir in meinen Armen und küssen deinen süßen Mund.
Fühl', wie die Wärme überströmt von dir zu mir, auch meine Wärme strömt zu dir.

Eng umschlungen und ganz nah, selig ob der ersehnten Nähe und der wunderschönen Zeit zu zweit. Der graue Alltag scheint noch weit.
Hör' mein Herz schlagen, kann fühlen, wie es sich freut.

Du liegst in meinen Armen und lässt mich glücklich sein.
Ich will nicht denken an Morgen, nur an das Heut', jetzt und hier.

Du Liebste, liegst in meinen Armen, du bist bei mir.
Glück durchströmt unsere Körper und beflügelt unseren Geist.
Im Einklang erleben, statt träumen das Wir.

∞

Tief in mir die Angst

Ist es zu wenig an Liebe, die ich dir gebe oder nicht genug Aufmerksamkeit und fühlst du dich zu wenig begehrt von mir? Ich kann es nicht verstehen, all meine Zärtlichkeit und Leidenschaft, all mein Begehren und Liebe gehört dir. Ich grüble und denk` die ganze Nacht, was habe ich nicht gemacht? Sind meine Taten und Worte für eine so wunderbare Frau wie dich zu wenig an Verehrung und Bewunderung? Es schmerzt so tief in meiner Brust, diese Ungewissheit, ob meine Art dich zu begehren, mein Verlangen nach dir, für dich ist nicht genug. Mein Herz und meine Seele, meine tiefsten Gefühle, vertrau` ich dir an, meine Ängste und Träume. Wenn ich dir sage oder schreibe, dass ich dich will, so kommt dies aus meinem tiefsten Inneren und ich hege keinen Zweifel daran, was ich empfind` für dich. Meine Sehnsucht nach deiner Nähe ist oft bitterlich aber auch so schön und süß zu gleich. Für mich ist, wenn du zu mir sagst ich liebe dich, der Himmel hier auf Erden. Ein guten Morgen Schatz oder das Gute Nacht, wie Nahrung, die zum Leben ich brauch`. Ja, ich brauch` dich und die Angst dich zu verlieren lässt mich nicht schlafen, nicht klar denken. Ich will dir alles was ich habe schenken, hoffe, es ist genug und es ist so viel, dass du nicht noch mehr brauchst. Ja, ich will dich, will dich so sehr und ich lieb` dich, lieb` dich immer noch mehr. Wenn es nicht genug ist für dich? Der Zweifel nagt in mir und macht mich traurig, lässt mich nicht schlafen und nicht klar denken.
Ich gebe dir alles was ich kann. Alles will ich dir schenken. Verzeih` mir bitte meine Schwäche, ich vertraue dir voll und ganz, es ist die Angst in mir, dir zu wenig zu geben.

Vater und Tochter

Dies schrieb ein Vater seiner Tochter noch am selben Abend, bevor er einschlief.
Es ist nicht die Frage, was ich getan habe in meinem Leben, sondern was nicht?
Du bestrafst mich mit deiner Abwesenheit in meinem Leben.
Lässt mich zurück und grübeln und denken, willst mir nicht verzeihen und mit deiner Nähe beschenken.
Schließt mich aus und tust auch nicht reden, ich bin gestorben für dich, deine letzten Worte waren.
Ja, ich bin auch gestorben, so wie du schriebst, nur nach außen hin leb' ich mein Leben ohne Tochter, die du bist, an deren Erinnerungen ich mich labe.
Erfahr' ab und zu von Dritten etwas über dich, wünsche mir, es soll dir selbst nie so ergehen, denn es ist bitterlich.
Nun, ich bin ein Vater, der eine Tochter hat und doch keine, drum' gibt es oft Stunden, in denen ich heimlich weine.
Im Bewusstsein, dass ich eine Tochter habe, bin ich denn auch eines Tages physisch tot; nehme mit all den Schmerz in mein Grab, obwohl ich doch eine Tochter hab'.

Am nächsten Morgen, welche Überraschung! Eine Nachricht von seiner Tochter!
Zitat:

Hallo Papa, ich schicke dir ein paar Bilder von Moritz. Er ist jetzt 4,5 Monate alt, 71cm & 8,4 kg, ist ziemlich groß für sein Alter.

Ich habe nachgedacht und ich möchte Moritz nicht die Möglichkeit nehmen seinen Opa kennen zu lernen, sofern er das möchte? Ich würde mir wünschen, dass wir einen normalen Weg finden.
Es soll um das HEUTE gehen, um Moritz, und nicht um das, was war, das ist abgeschlossen. Wenn du dich freuen würdest, dein Enkelkind kennenzulernen und damit einverstanden bist, dass wir die Vergangenheit ruhen lassen, dann lass es mich wissen.

Der Vater war mehr als erfreut. Es war unglaublich, dass ein paar Stunden, nachdem er sich seinen Kummer von der Seele geschrieben hatte, diese Worte von seiner Tochter kamen!

Mit einer riesigen Freude in sich hat er geantwortet:

Hallo meine Tochter, ich kann es nicht beschreiben, wie sehr ich mich freue, von dir selbst zu hören, aktuelle Fotos von Moritz zu bekommen und deine Zeilen zu lesen.
Dass meine „Tür" für dich und deine Familie, immer offen, steht, habe ich dir immer gesagt und das ist auch so, egal was war oder ist!

Ich freue mich unbeschreiblich, Moritz in meine Arme zu nehmen, dich in meine Arme zu nehmen und den Vater meines Enkels kennenzulernen!

Es ist das schönste Geschenk, das ich von dir bekommen konnte!
Ich liebe dich, meine Tochter.

∞

Gute Nacht

Ich sinniere so vor mich hin, beobachte die Regentropfen, die ans Dachfenster klopfen, während die Nacht ihre dunklen Schwingen ausbreitet und mich im Radio die Musik der Dire Straits bei meinen Gedanken begleitet.
Der Regen rhythmisch ans Fenster klopft und draußen kann ich sehen, wie es vom Vordach tropft.
Ich denk' an dich, was du jetzt wohl machst und wo du jetzt wohl bist?
Das denk ich mir und nehme mir Stift und Papier. Genau! Sagt eine Stimme in mir, schreib' es auf und irgendwann zeigst du's ihr.
Ich schreib dir, wie sehr ich dich mag und dass ich an dich dachte, den ganzen Tag!
Denke daran, wie schön es ist, dass ich dich dann wieder küssen und in deine Augen schauen, dir meine Liebe anvertrauen kann.
Ich habe es dir schon oft gesagt, geschrieben und getan, doch kann ich's nicht oft genug sagen dir, wie wunderbar es ist unser wir.
Heut' kann ich nicht senden mit dem Mond oder den Sternen eine Botschaft für dich Liebste, zu finster ist diese verregnete Nacht, doch der Mantel meiner Liebe über dich wacht.
In Gedanken deck' ich dich mit meiner Liebe zu, sag' leise du. Du ich liebe dich!
Du fühlst es, wenn ich an dich denke!
Ich wünsche dir eine gute Nacht, schlaf gut und träume schön, wie ich, vom nächsten Wiedersehen.

∞

Sehnsucht nach dir

Sehnsucht nach deinen Augen, die mich anblicken so tief, so dunkel mit diesem Glanz, diesem Funkeln, diese Augen, in denen ich mich verlier', wo ich versink' in eine andere Welt.

Meine Sehnsucht nach dir ist in diesen, deinem wunderbaren Lächeln und deinem Mund, deinen Lippen, die so süß schmecken, bei jedem Kuss, wenn sie berühren die meinen.

Deine Lippen, die so zärtlich mich liebkosen, die so Lust mir bereiten.

Nach deinen Händen, die zärtlich mich berühren, die wohltuend über meine Haut gleiten und zugleich die Leidenschaft in mir wecken

Deinem Körper, wohlgeformt, deiner Haut und deiner Wärme.

Wenn

Wenn ich meine Sehnsucht nach dir essen könnte, dann würde ich nie mehr hungern.

Wenn man meine Zärtlichkeit, die ich für dich empfinde, trinken könnte, dann wäre ich nie mehr durstig.

Käme meine Leidenschaft, die ich für dich jede Sekunde fühle, einen Herzschlag gleich, dann würde ich ewig leben.

Wenn ich diese Empfindungen spüre, dann weiß ich, dass ich wirklich lebe.

Wenn ich allen drei Gefühlen einen Namen gebe, dann ist der Name dafür: Liebe.

Wahrlich leben und lieben, Sehnsucht haben und Leidenschaft und Zärtlichkeit geben, einfach leben.

All das erfahre ich mit dir, all das ist unser Wir.

Unbeschreiblich

Gefühle unbeschreiblich und doch wahr.

Im Kopf unsagbar schöne Bilder.

Der Körper bebt ob der Wonne.

Lust grenzenlos und unendlich weit.

Die Seele schwerelos schwebend, kein Raum, keine Zeit, nur vereint sein, endlos Glück zu zweit.

Berührungen gleich der Ewigkeit.

Bewegungen wie auf unsichtbaren Wellen, im Gleichklang sich die Körper schmiegen.

Blicke wie aus des Himmels Pforten, unendlich tief und „spürbar" werden.

Gedanken sich in einem Fluss vereinen.
Es existiert nichts, nur ein schwebend, zittriges, unglaubliches- „Wahnsinnsgefühl".

Geist und Seele außerhalb vom Körper und jenseits vom Jetzt und Hier.

Nichts mehr existiert, nur das Wir.

All dies erlebe und spüre ich mit dir!

∞

In alle Ewigkeit

Mit meinen Fingerspitzen ich dein Gesicht berühr', unsagbar Liebe ich in mir spür'.
Unsere Körper Haut an Haut, warm und weich, wie von Geburt an vertraut.
In den Augen ein Glanz, ein Licht, ohne dich bin ich nicht.
Deine Wärme spür' ich durch und durch, dein Duft meine Sinne betört, kann mein Glück nicht fassen, dass dein Herz mir gehört.
Deine Lippen mit den meinen zu berühren, mit Blicken und zeitgleich Gedanken, mit leichtem Beben vereint zu schweben.
Reden und lachen mit dir, das ist mein Lebenselixier.
Mein Herz und meine Seele gehören dir, ohne deine Liebe ich erfrier'.
Du bist ein Himmelsgeschenk, immerzu an dich ich denk', gibst mir hier auf Erden schon dies Gefühl der Schwerelosigkeit.
Sehnsucht nach dir und unbändige Leidenschaft hast du in mir entfacht.
Selbst, wenn wir voneinander entfernt, so fühle ich ständig ein Feuer in mir; in der Flamme lodert Leidenschaft, Lust, Zärtlichkeit und Sehnsucht bei Tag und auch bei Nacht, all die Zeit an dich gedacht.
Beim Wiedersehen, wenn du in meinen Armen liegst und dich zärtlich an mich schmiegst, mein Herz vor Freude fast zerspringt, Schmetterlinge in mir flattern und in meinem Kopf ein Chor der Engel singt.
All das machst du, all das empfind ich für dich, wenn ich an dich denk', diese Liebe jenseits von Raum und Zeit.
Ich liebe dich in alle Ewigkeit.

∞

Sternenzeiten

Nur für ein paar Stunden kannst du bei mir sein, kann ich mit dir träumen. Ich nenne diese Zeit Sternenzeit.

Sternenzeit deshalb, weil in dieser Zeit das Unerreichbare möglich wird, weil ein Traum wahr wird, so als würde man die Sterne greifen können.

Wenn ich mich dann tief in dir spür', ich den Halt verlier'. Schwebe schwerelos zwischen den Sternen, die Sehnsucht ist dann Lichtjahre entfernt, bin der Sonne ganz nah', ohne zu verbrennen.

Ich möchte es niemals missen dich zu kennen, mit dir diese galaktische Zeit zu verbringen und davonzufliegen auf Amors Schwingen.

Das ganze Universum gehört dann dir und mir, aus der unendlich weiten Galaxie wird ein WIR.

Doch allzu schnell die Sternenzeit vergeht und Sehnsucht tritt an deren Stelle.

Doch es gibt ein nächstes Mal und bis dahin sind all die Erinnerungen an gemeinsame Sternenzeiten und Gedanken an das unbeschreiblich Schöne, des Lebens Quelle.

Sternenzeit ist Zeit mit dir, Zeit zu zweit.

∞

Könnte ich

Könnte ich deinen Atem hören, könnte ich deine Haut jetzt spüren, könnte ich deine Wärme jetzt fühlen, könnte ich dir geben einen Kuss auf deinem Munde, es gäbe keine schönere Stunde.
Es gäbe kein schöneres Gefühl, es gäbe nichts Besseres jetzt und hier.
Nur eines wäre unbeschreiblicher,- du wärst jetzt bei mir. Könnten genießen unser wir.
Die Zeit würde stehen still, oh Liebste, wie sehr ich dich brauch' und will!

Könnte ich jetzt dein Gesicht liebkosen, könnte ich schauen in deine wunderbaren Augen, könnte ich hören deines Herzens Schlag, dir zeigen und ins Ohr flüstern, wie sehr ich dich liebe und dich mag.

Könnt' ich dich streicheln und zärtlich sein, könnte ich ganz nah bei dir sein, all diese Gedanken und Gefühle hege ich für dich, Liebste ich begehre dich.

Baumstarke Liebe

Es bläst der Wind, die Bäume sich biegen, der Wald wogt, wie die Wellen im Meer, hin und her.

Meine Gedanken an dich Liebste im Takt mit dem Wind hoch hinauffliegen, dem Himmel zu.
In meinem Herzen da bist nur du.

Deine Liebe so stark wie die Bäume, sie hält jeden Sturm stand und gibt mir Kraft. Wurzeln der Liebe zu dir, ganz tief in mir.

Mit dem Wind sende ich meine Sehnsucht zu dir in die Ferne. Ich schau in den Nachthimmel, sehe vor mir deine Augen wie Sterne.
Der Sterne leuchten, mir deine Liebe und Sehnsucht überbringen.

Ich denk mir, einen Kuss von dir, mein Herz vor Freude fast zerspringt. Der Wind soll auch diese Worte überbringen dir. Oh! meine Liebste ich gäbe alles, wärst du jetzt hier.

Unendliche Zärtlichkeit spüre ich in meiner Brust und Verlangen. Der Wind, er singt ein Lied mit mir und ich send' mit ihm alle meine Träume von uns zu dir. Du hast mich mit deiner Liebe so weich und zart gemacht. Liebste ich wünsche dir eine gute Nacht.

∞

Weil es dich gibt

Weil es dich gibt, lebe ich, wie man liebt.
Du machst die Welt für mich schöner und gibst allem einen Sinn.

Wenn ich auch nicht bei dir sein kann, in Gedanken ich stets bei dir bin.
Und du bist in meinem Herzen drin.

Tief in mir existiert ein gemeinsames Wir, dies gibt mir Vertrauen und lässt mich so viel Liebe spüren, dafür danke ich dir.

Du beflügelst Gedanken und meine Seele, gibst mir Hoffnung und Zuversicht.
Vor mir sehe ich dein Gesicht, so nah und echt, dass ich dich jetzt küssen möcht'.

Meine Gefühle für dich so groß, so sehnsüchtig und zärtlich sind, hätte nie gedacht, dass ich dies im Leben find.

Weil es dich gibt, ist mein Leben reich und ich spür' Lebensfreude, Elan.

All das hast du mit deiner Liebe getan.

∞

I hab di so liab

Hab di so liab, hab di so gern!

Du bist fiar mi schöner als wia der hellste Stern.

Leuchtest mir bei Tag und a bei der Nacht.

Der Himmel hat dich zu mir bracht!

Bin dankbar und empfind' große Freud, wann i
die Bussl und berühr', I den Himmel auf Erden spür'.

Wann i kann ganz bei dir sein und g'spiarn, dei Haut auf
der meinen und in die Augen schau`n dir, i a bei minus
zwanz'g Grad nit frier.

Mei Herz samt Schlissel hab i dir geben, weil du, des
Wichtigste bist, seit i di kenn', in mein Leben.

I will di nia verliaren und di nia mehr hergeben, weil du
des Größte bist in mein Leben.

I hab die so liab!

Ich habe dich so lieb

Hab dich so lieb, hab dich so gern!

Du bist für mich schöner als wie der hellste Stern.

Leuchtest mir bei Tag und auch in der Nacht.

Der Himmel hat dich zu mir gebracht!

Bin dankbar und empfinde große Freude, wenn ich dich küsse und berühre, ich den Himmel auf Erden spüre.

Wenn ich kann ganz bei dir sein und dich spüren, deine Haut auf der meinen und in die Augen schauen dir, ich a bei minus zwanzig Grad nicht frier.

Mei Herz samt Schlüssel hab` ich dir gegeben, weil du das Wichtigste bist, seit ich dich kenne, in meinem Leben.

Ich will dich nie verlieren und dich nie mehr hergeben, weil du das Größte bist in meinem Leben.

Ich habe dich so lieb!

Ich wusste nicht

Ich wusste nicht, dass es dich gibt.
Wusste nicht, dass ich dir, einmal begegnen würde.

Wusste nicht, dass du die Liebe bist in meinem Leben.
Hab nie an diese Möglichkeit gedacht.
Hab nie geahnt, dass du in mir dieses Feuer entfachst.
Ich wusste ja nicht, dass es dich gibt für mich.

Diese Sehnsucht nach dir und deiner Nähe.
Ich wusste es nicht, weil ich dich nicht kannte.
Dieses Verlangen nach deiner Wärme, ich wusste es nicht.
Dieses Gefühl, wenn ich dich in meinen Armen halte, ich dich küsse.

Ich wusste es nicht.
Wusste nicht, dass es dich gibt.
Ich bin in dich so verliebt, das weiß ich jetzt, weil ich dich kenn'.

Einsames Herz

Bist du, Liebste fern von mir, ich die Einsamkeit in meinem Herzen spür'.

Es schlägt für dich zu jeder Zeit, doch am liebsten schlägt es mit deinem im Gleichklang, am liebsten zu zweit.

Ich fühle deinen Herzschlag, wenn ich dich fest an mich drück', mein Herz dann freudig schlägt im Glück.

Wenn du fern bist, mein Herz, das deine so vermisst, weil es die Große Lieb' nie vergisst.

Den Schlüssel zu meinem Herzen hast du allein, nur für dich schlägt es, für dich es pocht und will nie wieder ohne dich sein.

Für diese Lieb' schlägt es ewiglich. Einsam mein Herz, wenn wir getrennt und allein, könntest du doch bei mir sein.

Traurig schlägt mein Herz im Takt, bis das deine stimmt mit ein, dann schlagen sie freudig, schlagen sie zu zweien.

Am Himmel Sehnsucht

Gedanken der Sehnsucht am blauen Himmel in den Wolken sich mir zeigen, der Wind eine Melodie leise spielt, meine Seele emporsteigt, suchend nach dem kürzesten Weg zu der deinen.

Das Herz schlägt im Rhythmus und macht den Schritt, sag` dem Wind er soll schicken ihr meine Liebe mit.

Fliegt ihr Winde so rasch es geht und wenn ihr dann die Liebste seht, gebt einen innigen Kuss ihr von mir aus der Fern', sagt ihr ich habe sie so gern.
Und kaum erwarten es kann, bis ich wieder blick' in ihre Augen.

Bringt ihr mein Verlangen und auch die Zärtlichkeit, sagt ihr, ich denk' an sie zu jeder Zeit.

Wolkengebilde, lasset eine Träne der Sehnsucht fallen und eine des Glücks.
Sommerwind, sing ihr ein Lied voller zärtlicher Sehnsuchtsgedanken.
Und ein Lied der Leidenschaft und des Begehrens.

Morgensonne, küss' ihr Gesicht mit deinen Strahlen an meiner statt. Ich denk' an sie und träum' mich zu ihr.

∞

Auf dem Grund des Sees

Du findest mich auf dem Grund des Sees.
Meine Seele befindet sich an diesem tiefen, dunklen Ort.
Die Sehnsucht nach dir schmerzt in meiner Brust, macht meine Seele schwer, treibt zweifelnd am Grund des Sees umher.
Gedanken an dich, du bist fern von mir, ich verzehr' mich nach dir.
Wie eine Gestalt im Nebel, undurchsichtig und verworren sehe ich dich vor mir, wohl nur in meiner Phantasie.
Das Gewicht des Wassers drückt, schnürt mir die Brust zu, wo bist du? Was machst du?
Ich tauche, krieg keine Luft, kann nicht riechen deinen Duft.
Zu dir auftauchen kann ich nicht, meine Kräfte der Verzweiflung weichen.
Ich lass' mich ziehen auf den Grund des Sees.
Es ist finster dort unten und auch still. Alles was mein Herz, meine Seele, ich will, das wäre zu sein bei dir.
Ich bin am Grund des Sees und träume einen endlosen Traum vom Wir.

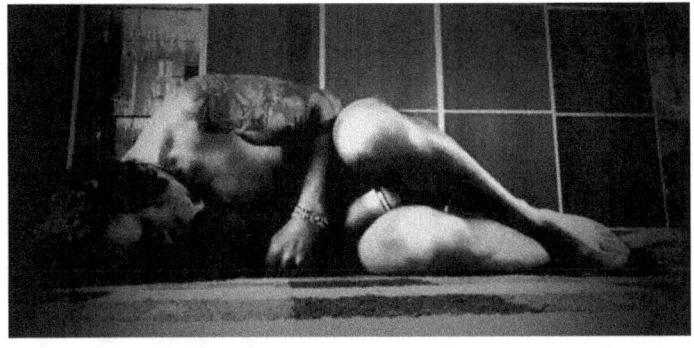

"Verruckt noch dia`r

I g'kear olls a Gonzer dir, I bin so verruckt noch dia`r.

Du kannst mit mir moch'n wos du willst, weil nur du mei Sehnsucht stillst.

Wann du mir sogst, dass du mi liabst, donn kriag i woache Knia, weil I di a so liab olls wia.

Bin i in deina Naeh', fühl' und g'spiar di, bin so verruckt noch dia`r.

I g'kear olls a Gonzer dia`r.

Mei Herz bringst du zum auf'gregt Pumpern und olles bebt in mir, I bin so verruckt noch dia`r.

I g'kear olls a Gonzer dia`r.

*

Wann i dei Haut- di g'spiar, a Feier lodert in mir.
Wann i mit dir zs'ammen bin, hot olles an Sinn.
I bin so verruckt noch dia`r.

Wonn du mir in die Aug'n schaust, dann sieag i den Himmel und mecht mit dia`r fliag'n.

*

Donn kriag i woache Knia, bin so verruckt noch dir, I g'kear olls gonzer dia`r.

Woas nit, was du g'mocht hast mit mir, woas nur, i bin so verruckt noch dia`r.

∞

Verrückt nach dir

Ich gehöre als Ganzes dir, Ich bin so verrückt nach dir.

Du kannst mit mir machen was du willst, weil nur du meine Sehnsucht stillst.

Wenn du mir sagst, dass du mich liebst, dann kriege ich weiche Knie, weil ich dich so liebe, als wie.

Bin ich in deiner Nähe, fühle und spüre dich, bin so verrückt nach dir. Ich gehöre als Ganzes dir.

Mein Herz bringst du zu aufgeregtem Herzklopfen und alles bebt in mir. Ich bin so verrückt nach dir.
Ich gehöre als Ganzes dir.

Wenn ich deine Haut, dich spüre, ein Feuer lodert in mir.

Wenn ich mit dir zusammen bin, hat alles einen Sinn.
Ich bin so verrückt nach dir.

Wenn du mir in die Augen schaust, dann sehe ich den Himmel und möchte mit dir fliegen.

Dann kriege ich weiche Knie, bin so verrückt nach dir.
Ich gehöre als Ganzes dir.

Weiß nicht, was du gemacht hast mit mir, weiß nur, ich bin so verrückt nach dir.

∞

Sonnenaufgang

Die Sonne geht auf und mit den ersten Sonnenstrahlen kehrt die Sehnsucht der Nacht wieder.

Im Traum die Liebste ich umarme, küsse ihr Gesicht, spüre ihre Wärme und hör' ihr Herz, wie es schlägt. Sehnsucht erfüllt meine Brust.

Träume von Begehren und von Lust. Träum', sie liegt ganz nah bei mir.
Jetzt bricht der Tag heran, vorbei die Nacht und der Traum. Doch die Sehnsucht erwacht erneut, wäre so schön, könnt` heut` die Liebste bei mir sein.

Die Sonne zusammen mit dem Feuer unserer Liebe, die Erde wärmt und die Sehnsucht, mit dem Wind wiederkommt.
Ein Tagtraum folgt voller Sehnsucht, wie der Traum in der Nacht.

Mit dir schweben

Immer wenn wir uns zärtlich berühren, mit den Augen verführen, wenn dieses Prickeln durch die Körper sich breitet aus.
Mit geschlossenen Augen den Berührungen im Geiste folgen, mit den Fingerspitzen elektrisierend den Körper entlang sich tasten.
Haut fühlen, Haut riechen, durch die Nase diesen wunderbaren Duft einsaugen.
Augen öffnen sich, treffen sich, glänzen vor Freude und Erwartung.
Gegenseitig anschauen, nackte Körper, Lust und Begehren in uns.
Die Herzen schlagen schneller, Lippen berühren sich, inniges Küssen und Zungen spielen leidenschaftlich miteinander.
Lippen und Zungen gegenseitig die Körper erkunden, schmecken und kosten.
Verlangen, sich im Anderen spüren; die Körper sich vereinen.
Schweben, davonschweben, die Welt um uns existiert nicht mehr, nur wir zwei als Eins, als ein Körper und eine Seele.
So tief die Gefühle, so unbändig Lust und Begehren.
Unbeschreiblich dieses Gefühl des Glücks zu zweit. So mit dir zu schweben ist das Beste und Einzigartigste in meinem Leben.
Dich zu kennen und so zu lieben, von dir all dies zu bekommen und mit dir erleben zu dürfen bedeutet mir die Welt.

∞

Der Herbst

Der Herbst ist ein großartiger Maler, der uns täglich mit bunten Bildern den Abschied vom Sommer versüßt.
Die Natur brilliert mit einer Farbenbracht, so spektakulär und wunderbar, doch zu Ende geht bald wieder ein Jahr.
Vorher zeigt uns Mutter Natur nichts ist umsonst, nichts vergeht was nicht nächsten Frühling wiederkehrt, mit neuem Leben und in voller Pracht sozusagen wiedererwacht.
Uns Menschen gibt dies Freude, Hoffnung und Halt, werden mit jedem Herbst, der wiederkehrt auch reifer und älter.
Der Schöpfer hat uns all das gegeben, die Erde, die Natur mit den Jahreszeiten und all das Leben.
Die Natur zeigt sich noch in ihrer Farbenbracht, bevor sie sich ans Überwintern macht und erfreut unser Auge und Gemüt, zeigt uns ihre Kraft, zeigt uns, was sie alles schafft.
Die Tage schon merklich kürzer werden und damit auch das Licht. Bald ist es so weit, der Winter kommt und es schneit.
Doch bis dahin ist noch Zeit, auch geerntet wird noch fleißig.
Eines Morgens dann, wenn erste Schneeflocken auf der Erde landen und Frost und Eis regieren, die Farbenbracht wechselt in ein weißes Kleid, ist's vorbei mit der wunderbaren Herbstzeit.

∞

Novemberregen

Unglaublich schwer ist dieser Novemberregen. So schwer wie das Gefühl, wenn ich nichts von dir höre.

Wie der Regen an Scheiben klopft, so pocht mein Herz im selben Takt. Draußen ist es finster und kalt, der Wind den Regen peitscht.

Tief in mir ich die Kälte spür und es ist kein Licht, Kälte mein Herz umgibt, es ist schwer, wenn man so liebt.

Die Gedanken finster und wirr, wie vom Wind das nasse Laub wirbelt durch die Luft, mir fehlst du, mir fehlt deine Nähe, ein Kuss, dein Duft!
Ich fühl mich verlassen wie in einer Gruft.

Es regnet unaufhörlich und es ist schwarz die Nacht, will doch nur wissen wie es dir geht, wie es um unsere Liebe steht.

Meine Gedanken wollen nicht gehorchen, sind im Sturme ein Auf und Ab. Ich will dir sagen wie lieb' Ich dich hab'.

Novemberregen in mir drin, weil ich ohne dich in der dunklen, kalten Nacht verloren bin.

∞

Erster Schnee

Mitte November, es hat zu schneien begonnen. Schneeflocken anfangs nass und schwer, kaum auf der Erde angekommen, schon zerronnen.

Der Wind mehr Kälte bringt und die Flocken werden kristalliner und auch leichter, schweben nun der Erde entgegen, für strahlende Kinderaugen ein wahrer Segen.

Schnee legt sich wie ein großer Mantel auf die Erde nieder. Er dämpft der Menschen Hast und Eile und all die Geräusche für eine ganze Weile.

Er deckt zu Berge, Wälder und Wiesen und der Menschen Straßen und Häuser, alles wird ruhiger, alles wird leiser.

In reines Weiß getunkt nun ist die Welt. Sauber und rein, kein Fleck kein Schmutz für eine gewisse Zeit,-
nur der Schöpfung Reinheit.

Erster Schnee fasziniert jedes Jahr auf das Neue, Mensch und Tier gleichermaßen, bringt Freude in unsere Herzen, kündet von dem nahen Advent und der Weihnachtszeit.

∞

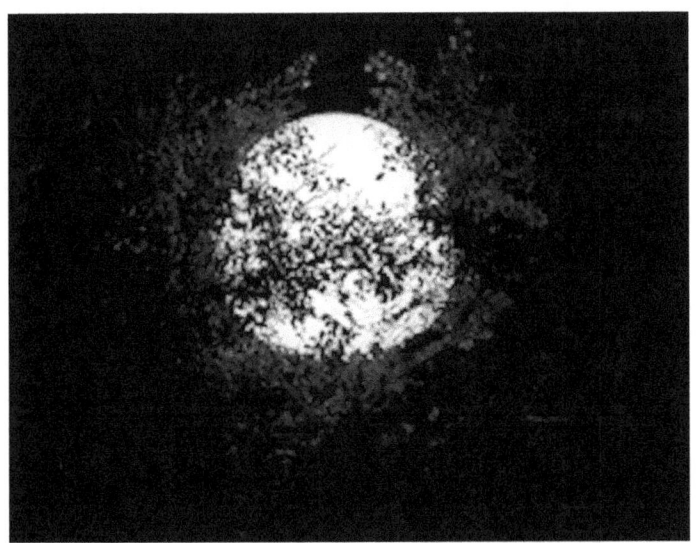

Letzte Nacht

Letzte Nacht, wie für Götter gemacht, letzte Nacht mit dir verbracht, geredet und gelacht.

Letzte Nacht ein Feuerwerk von Gefühlen entfacht. Letzte Nacht wie von Engeln erdacht.

Letzte Nacht der Liebe Macht. Letzte Nacht pure Leidenschaft.

Letzte Nacht tausend Träume wahrgemacht.

∞

Ein Bild von dir

Ein Bild von dir trag' ich in meinen Herzen immer bei mir. Das Bild von dir zeigt mir zu jeder Zeit Erinnerungen an wunderschöne Stunden zu zweit.

Habe ich große Sehnsucht nach dir und ich im Herzen frier, dann schau' ich es an, dass Bild von dir und dein Lächeln kommt zu mir.

Ich fühl' mich traurig und allein, kann ich nicht bei dir sein, leer meine Seele und dunkel die Gedanken, schwer das Herz und Tränen in den Augen, bevor ich versink' im Nirgendwo und eisige Kälte nimmt Besitz von mir, hol' ich es vor und schau' es mir an, dass Bild von dir.
Schau' es mir an jede Stunde.

Deine wunderbaren Augen, dein süßer Mund. Ein Kuss jetzt wäre wunderbar, mit meinen Fingern durch dein Haar. Ich schau' dein Bild an, das Bild in mir, dass Bild von dir, in Gedanken du bist bei mir!

Ein Tag ohne dich

Wieder ein Tag, ohne deine Lippen zu berühren.
Wieder ein Tag, ohne deine Wärme zu spüren.
Wieder ein Tag, ohne in deiner Nähe zu sein.
Wieder ein Tag, an dem mein Herz allein.
Wieder ein Tag, wo nur Gedanken an dich.
Wieder ein Tag, wo traurig ich bin.
Wieder ein Tag, wo Sehnsucht und Verlangen bestimmen die Zeit.
Wieder ein Tag, wo Erinnerungen an wunderbare Stunden.
Wieder ein Tag, wo doch näher bringt mich jener Stunde, wo ich dich endlich wieder in den Armen halten kann und küssen deinen Mund.
Wieder ein Tag, wo ich herbeisehne die Zeit, Zeit mit dir, Zeit zu zweit.
Wieder ein Tag, wo ich die Liebe zu dir so sehr fühl', ein Tag mit diesem wunderschönen, aber wenn getrennt, schmerzhaftem Gefühl.

Wieder ein Tag ohne dich, meine Liebe.

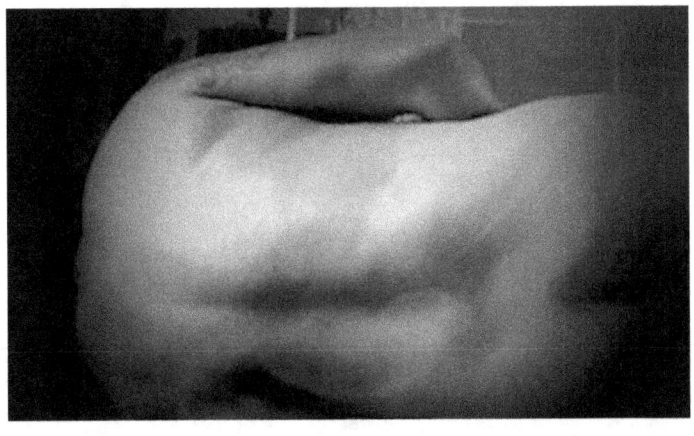

Winterbeginn

Die Tage sind kurz und fast kein Licht. Ich denk an Tage mit dir, an Tage mit Sonne, Tage voller Liebe und Wonne.

Du fehlst mir Liebste, mehr noch als die Sonne. Es ist draußen ungemütlich, nass und kalt, mein einziger Trost, ich sehe dich bald.

Das Warten bis zum Wiedersehen ist jedoch hart und tut weh, die Zeit sie will nicht schnell vergehen.

Sehne den Augenblick so sehr herbei, wo du in meinen Armen liegst, dich ganz nah an mich schmiegst.
Diesen Augenblick sehn' ich herbei, wie als Kind die Christnacht.
Das schönste Geschenk für mich, das bist du, wenn du bei mir bist.

Deine Augen, heller als die Sterne und deine Wärme mir alles gibt. Durch dich weiß ich, wie man liebt.

Ein Kuss von dir gibt mir alles was ich brauche, Gefühl von Liebe, Geborgenheit und Zärtlichkeit mein Herz erwärmt.

Du bist die Liebe, die vertreibt die langen, kalten und dunklen Nächte, die mich trägt durch diese Zeit. Du stillst die Sehnsucht in mir, du machst es, dass ich nicht erfrier.

∞

Schneeflocken

Wie die Schneeflocken auf die Erde fallen so möchte ich deinen Körper mit Küssen bedecken.

Beim Kontakt mit deinem Körper schmelzen sie auf deiner Haut, werden von dir aufgenommen, so kann ich ganz nah und überall bei dir sein.

Kann jeden wunderbaren Quadrat- Millimeter deines Körpers bedecken mit meiner Sehnsucht nach dir, kann zärtlich dahinschmelzen, als kleine Rinnsale an dir entlang gleiten, so wie ich mich in Gedanken grade an dich schmiege.

Fängst du ein paar mit deinem süßen Mund, decke dich in Gedanken zu mit meiner Liebe und Wärme.

Eine Schneeflocke auf deinen Lippen möcht' ich sein.

Ich schmölze dahin wie Schnee auf deinen warmen Körper, wenn ich daran denke, dich in meinen Armen zu halten und küssen zu können.

Weihnachtsträumerei

Liebste, würde dich jetzt gerne erblicken, mein Herz würde sich erfreuen und die Seele sich erquicken, beim Berühren deiner Haut und dem Gefühl der Wärme so vertraut.

In Gedanken passiert dies auch und zaubert ein Lächeln in mein Gesicht. Vermissen tu ich dich und Sehnsucht in mir. Ich schließe die Augen und träume mich wieder zu dir.
Im Traum ein Weihnachten mit dir. Süßer die Glocken nicht klingen, als zur Weihnachtszeit, ja so träum ich es heut.

Das Fest der Liebe, du und ich, ein Feuer in mir, in Gedanken das „Wir".

Sende dir mit diesen Zeilen meinen Traum, von einer wunderschönen Zeit zu zweit unter einen imaginären Weihnachtsbaum, als Geschenk zwei Herzen und eine große Liebe.

Bilder im Kopf

Sehnsucht ist ein Bild in mir, es ist ein Bild von dir.
Zärtlichkeit ist ein Bild in mir, es ist ein Bild von dir.
Leidenschaft ist ein Bild in mir, es ist ein Bild von dir.
All diese Bilder sind ein Film voller Liebe, es ist ein Film von dir und mir, es ist ein Film von Wir.
Verlangen ist ein Bild in mir, es ist ein Bild von dir.
Lust ist ein Bild in mir, es ist ein Bild von dir.
Begehren ist ein Bild in mir, es ist ein Bild von dir.
All diese Bilder sind ein Film voller Begehren, es ist ein Film von dir und mir, es ist ein Film vom Wir.
All die Bilder und die Filme vom Wir in meinem Kopf sind ein Gemälde, gemalt auf einer Leinwand aus Wärme und Verständnis, mit einem Pinsel der Leidenschaft in den Farben der Sehnsucht.
Ich sehne mich nach dir Liebste.

I brauch so viel mehr von dir.

I brauch so viel mehr von dir.
Du machst mei Welt bunt und schian.
I brauch di, i will di g'spiarn.
I brauch so viel mehr von dir.
Du machst mei Nacht zum Tag.
I brauch di, weil i di so mag.
I brauch di näher an mir.
I brauch so viel mehr von dir.
Du machst aus mein Winta an Summa.
Du bist der Wahnsinn für mi, i steh' so auf di.
Du lasst mi selbst bei siebierscher Kälte die Wärme g'spiarn.
I brauch so viel mehr von dir.
Du gibst mir die Liab und i schweb'.
Deine Augen sehen mich so an, dass i
ewig in di verliabt sein kann.
I brauch so viel mehr von dir.
Du machst, dass di Schmetterling' in mein Bauch nit aufhör'n zu fliag'n.
Du machst, dass a Feier der Liab in mir brennt.
Du bist der Wahnsinn für mi, i steh' so auf di.
Du weckst all die Zärtlichkeit und Leidenschaft in mir.
I brauch so viel mehr von dir.
I brauch di, i will di g'spiarn.
Du machst, dass i glücklich sein kann und zufrieden.
I will di imma lieben.
I brauch so viel mehr von dir.

∞

I brauch so viel mehr von dir.

Ich brauche so viel mehr von dir.
Du machst meine Welt bunt und schön.
Ich brauche dich, ich will dich spüren.
Ich brauche so viel mehr von dir.
Du machst meine Nacht zum Tag.
Ich brauche dich, weil ich dich so mag.
Ich brauche dich näher an mir.
Ich brauche so viel mehr von dir.
Du machst aus meinem Winter, einen Sommer.
Du bist der Wahnsinn für mich, ich steh' so auf dich.
Du lässt mich selbst bei sibierscher Kälte die Wärme
spüren.
Ich brauche so viel mehr von dir.
Du gibst mir die Liebe und ich schwebe.
Deine Augen sehen mich so an, dass ich
ewig in dich verliebt sein kann.
Ich brauche so viel mehr von dir.
Du machst, dass die Schmetterlinge in meinem Bauch
nicht aufhören zu fliegen.
Du machst, dass ein Feuer der Liebe in mir brennt.
Du bist der Wahnsinn für mich, ich stehe so auf dich.
Du weckst all die Zärtlichkeit und Leidenschaft in mir.
Ich brauche so viel mehr von dir.
Ich brauch dich, ich will dich spüren.
Du machst, dass ich glücklich sein kann und zufrieden.
Ich will dich immer lieben.
Ich brauch so viel mehr von dir.

∞

Wieviel?

Wie viel Schwermut muss man haben, wie viel Kummer ertragen, wie viele Fragen ohne Antworten und wie viel dunkle Gedanken. Wie viel braucht es um glücklich zu sein, es zu können, es zu wollen?

Wie viel Schmerz erleiden die Seele und wie oft brechen das Herz?

Warum all das Leid? Wo doch das Glück greifbar nah? Wie viel Tage ohne Licht und warum einsam sein?
Alles ertragen trotz all der Fragen?

Tag für Tag am Leben vorbei. Wie viel Unglück und Qual? Verantwortung, Pflichtbewusstsein und Rücksicht auf andere. Weinen, heimlich und mit Scham.
Stark sein. Lächeln und gut drauf.
Im Inneren leer und voller Sehnsucht!

Erinnerungen an Augenblicke vollkommener Seligkeit. Verlangen und diese Sehnsucht und doch den Schmerz und den Kummer leben, im Dunklen bleiben und sehnen das Licht.
Wie viel braucht es um glücklich zu sein, es zu können, es zu wollen?

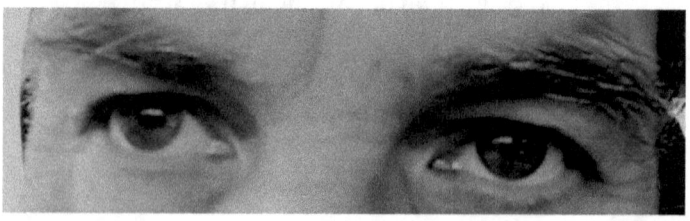

Schatten

Grau, dunkelgrau die Farbe meiner Gedanken.
Traurigkeit, Sehnsucht drückt auf mein Herz.

Schwarz und schwer, am Boden die Seele, sie schwebt nicht mehr.
Es ist dunkel und kein Licht. Wo bist du?
Die, die meine Sehnsucht stillt und die Farbe bringt.

Brennen in der Brust und wirre Phantasien.
Deine Nähe fehlt und die Wärme.
Starrer Blick in die Dunkelheit, Ungewissheit, Verzweiflung und Tränen wie aus Eisen, zähfließend und heiß.

Schatten überall und ein Mantel des Nichts.
Einsam, schweigen, nach Außen es nicht zeigen.
Fragen an die Schatten ohne Antwort bleiben.
Schmerz, finster und kalt. Gefangen in der Dunkelheit Gewalt.

Einsam das Herz, nur Schatten nagen an mir wir Ratten.
Könnt` ich doch sehen dich, das Licht und spüren deine Wärme, mit dir sehen den Himmel und die Sterne.

Doch! Nein, ich bin im Dunkeln und mit dem Schatten allein.

∞

Himmelszeit

Zeit mit dir, Zeit zu zweit. Himmelszeit.
Leben.
Zeit mit dir, Zeit zum Schweben.
Himmel auf der Erde mit dir erleben.
Stunden voller Glück und Liebe.
Sehnsucht füllt die Zeit dazwischen, nährt Gedanken und Träume, lässt Verlangen in den Himmel wachsen wie Bäume.
Die Ewigkeit erfahren zu zweit, erfüllt mit Himmelszeit.
Zwei Seelen wie ein Lichtstrahl auf dem Weg durch Raum und Zeit.
Zeit zu zweit. Himmelszeit.
Ich liebe dich zu jeder Zeit, in der Zeit der Gedanken und Träume, in der Sehnsuchtszeit, in der Zeit zu zweit.
Himmelszeit.

∞

Guten Morgen

Wäre ich eine Blume am Morgen, so wärest du der Morgentau auf meiner Haut, erfrischend, prickelnd und rein.
Du wärest wie ein Sonnenstrahl, der mich berührt, der mich erwärmt und in den Tag begleitet.

Du wärest das Licht, das mich umhüllt und du wärest der Boden, der mich nährt. Du wärest die Luft die ich brauch` zum Leben. Du wärest der Grund warum ich blühte. So wie dieser Blume, so geht es mir.

Deine Küsse wie Morgentau, deine Berührung wie ein Sonnenstrahl auf meiner Haut. Dein Lächeln wie das helle Licht und deine Worte Nahrung für meine Seele.

Deine Nähe ist die Luft, die ich zum Atmen brauch`. Du bist der Grund für mich zu lieben, zu leben.

Manchmal

Manchmal bin ich so traurig und möchte weinen, aber das geht nicht. Nicht einmal traurig sein geht.
Gute Miene machen heißt es, nichts anmerken lassen, dass einem etwas ganz arg fehlt.
Im Gegenteil, man muss sogar noch vorgeben gut drauf zu sein. Ein Lächeln aufsetzen, humorig und gut gelaunt, dabei möchte man seinen Kummer, seinen Schmerz freien Lauf lassen, weinen und einfach traurig sein.

Ich schenke dir: Mich!

Ich schenke dir meine Liebe, schenke dir mein Herz, all meine Gefühle.
Ich schenke mich dir als Ganzes, als Mensch, der dich wahnsinnig liebt.
Ich schenke dir meine ungeteilte Aufmerksamkeit, meine Zeit.
Ich schenke dir meine Zärtlichkeit und meine Leidenschaft.
Ich schenke dir meine Gedanken und schreib für dich Gedichte und Liedtexte.
Ich schenke mich dir, leg mein ganzes Ich in deine Hände, sehne mich so sehr nach deiner Liebe.
Ich schenke mich dir als dein Mann, als der, der dir zuhört und dich versteht, der auch deine Sorgen mit dir teilt.
Ich schenke mich dir, um dir immer beizustehen, um für dich da zu sein.
Ich schenke mich dir, um mit dir zu lachen, zu weinen, um glücklich zu sein.
Ich schenke dir meine Gefühle, aus meiner tiefsten Seele.
Ich habe nicht mehr und bin nicht „Mehr" alles was ich dir schenken kann, bin ich.
Ich schenke dir alles, was ich bin, weil ich nur bin, wenn du bist.
Bitte tu mir nicht weh! Ich schenke dir mich für ein Wir, indem du die Sonne bist, Luft und Wasser, alles was ich zum Leben brauche.

Ich schenke mich dir, bedingungslos und mit vollstem Vertrauen, aber bitte du mir nicht weh, ohne dies Liebe bin ich wie ein Sandkorn, ohne Leben, ohne Ziel, ausgeliefert Wind und Wetter – Nichts!
Ich schenke mich dir, schenke dir meine Liebe, habe nichts, keine Güter, keine Titel, keine Reichtümer nur mich.
Ich schenke dir meinen Geist, mein Herz, meinen Körper, bitte tu mir nicht weh.

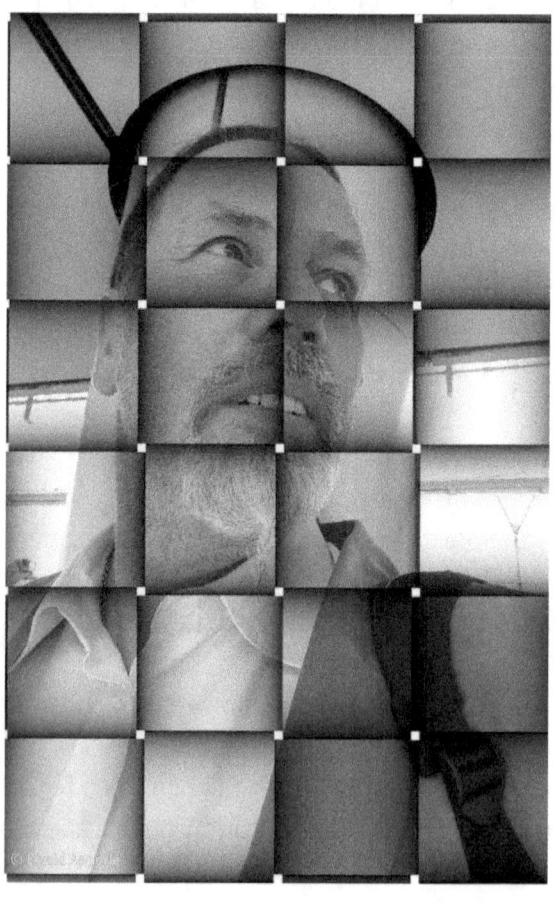

Wie die Wasser

Wie die Wasser in die Tiefe stürzen, ich lausche den Klang, meine Augen nähren sich an der herrlichen Natur, ich schließe sie, lass den blauen Himmel, die Sonne und das Plätschern in meine Seele.
In Gedanken ziehe ich mit dem Bussard vor den Wasserfällen, nahe dem wärmenden Felsen mein Kreise, fliege frei wie dieser Vogel, nutze die Thermik um höher zu fliegen, beobachte von dort oben das Geschehen am Boden und genieße meine Freiheit in dieser von Gott gegebenen herrlichen Natur, wenn ich einen Laut ausstoße, so ist es ein Danke, ein Danke an den Schöpfer, an Mutter Natur, Teil dieser und hier Gast sein zu dürfen.

Die Natur ist das Kreativste und Wundervollste dieser Welt, für Augen, Ohren, Nase und Tastsinn. Für die Seele. (Gedanke)

Liebe

Liebe, Glück und Hochgefühl.
Liebe, Traurigkeit und Niedergeschlagenheit.
Liebe, Zärtlichkeit und Leidenschaft.
Liebe, Härte und verletzt sein.
Liebe, Schweben und über allen Dingen sein.
Liebe, am Boden zerstört und voller Selbstzweifel.
Liebe, Nahrung für Seele und Körper.
Liebe, Dunkle Gedanken und Schmerzen.
Liebe, Verlangen und Sehnsucht.
Liebe, Realität und Wunschtraum.
Liebe, Schmetterlinge im Bauch und pure Wonne.
Liebe, Hasserfüllt und Frust.
Liebe, wortlos Verstehen und Zweisamkeit.
Liebe, Verbale Angriffe und Einsamkeit.
Liebe, Begehren und Lust.
Liebe, Besitzen wollen und Eifersucht.
Liebe, Verstehen und Verzeihen.
Liebe, Unverständnis und Streit.
Liebe, Hoffnung und Träume.
Liebe, Hoffnungslos und Alpträume.
Liebe, Hingabe und Freude.
Liebe, Aufgabe und Depression.
Liebe, Geben und Empfangen.
Liebe, Verweigern und Erzwingen.
Liebe, Leben.
Liebe, Verboten und Unrecht.
Liebe, Vermissen.
Liebe, Finden.
Liebe, Suchen.
Liebe kann glücklich machen oder in einen Abgrund treiben.

Ich bin krank

Ich bin krank, wenn ich lang von dir getrennt. In meiner Seele ist es dunkel und leer, wenn ich dich nicht sehe, du nicht bei mir bist.

Mein Herz schlägt langsam und will nicht mehr. Ich vermisse dich so sehr, hab Angst.

Tief in mir Traurigkeit und Trübsal, könnte ich zumindest deine Stimme hören.

Ich schau' mir die Bilder von dir in meinen Kopf an, betrachte sie, starre auf das Gemälde unserer Liebe.

Der Pinsel der Sehnsucht malt dunkle Wolken, der Pinsel der Traurigkeit malt den Regen dazu.

Der Pinsel des Verlangens und Begehrens malt eine Rose.
Der Pinsel der Lust malt einen Blütenkelch.

Der Pinsel des Vermissens malt Bäume, die ihre Äste gegen den Himmel strecken. Die Äste symbolisch meinen Armen gleich dich suchen, dich umarmen und drücken wollen.

Der Pinsel der Erinnerungen malt dein wunderschönes Gesicht. Im Bild ein Text: ich brauche Dich!

∞

Liebe kann

In der Liebe liegt das Geheimnis des Lebens.
Die Liebe ist ein großes Mysterium.

Die Liebe ist göttlich, sie kann Wunder vollbringen und den Himmel auf die Erde bringen, oder aber auch zerstören und die Seele in den tiefsten Abgrund verbannen.

Liebe kann stärker als die stärkste Kette der Welt sein.
Liebe kann alle weltlichen Grenzen überwinden.

Liebe kann wie ein Samen sein, der sogar in der trockensten Wüste keimt.

Liebe kann ohne Wasser und Nahrung überleben. Liebe kann tragen wo keine Brücke ist. Liebe kann fliegen ganz ohne Flügel.

Liebe kann alle Sprachen dieser Welt.

Liebe ist so vielfältig wie das Leben selbst. Liebe kann den Tod überwinden. Liebe kann heilen. Liebe kann weh tun.

Liebe kann klein und doch ganz groß sein. Liebe ist pure Freude. Liebe ist unendliche Traurigkeit. Liebe vereint.

Liebe kann verstehen, ohne gesprochene Worte zu hören.

∞

Nachts

Nachts, wenn Mond und Sterne am Himmel stehen, solltest du neben mir sein damit wir beide nicht allein.
Nachts, wenn alle anderen schlafen, solltest du in meinen Armen liegen, dich an mich schmiegen.
Nachts, wenn alles ist still, solltest du bei mir sein, weil ich dich so begehr` weil ich dich so sehr will.
Nachts, wenn draußen ein Gewitter tobt und es pfeift ums Haus der Wind, solltest du bei mir sein, ganz nah, Haut an Haut damit du meine Wärme und Liebe spürst, wie ein Kind.
Nachts, wenn es dunkel ist und ich nicht schlafen kann, solltest du bei mir sein, damit wir zärtlich sein können, du als meine Frau und ich als dein Mann.
Nachts, wenn die einsamen Stunden beginnen, solltest du bei mir sein, Leidenschaft wird uns dann begleiten in unsere Träume und beim Erwachen die Sonne scheinen.
Nachts, wenn alles stillsteht, solltest du bei mir sein, dann müsse ich nicht mehr heimlich in meinen Polster weinen.
Nachts, wenn die Angst mich überkommt dich zu verlieren, solltest du bei mir sein, ganz nah bei mir, dann kann ich nicht erfrieren.
Nachts, wenn meine Seele wandert durch dunkle Gefilde, solltest du bei mir sein, nicht nur im Kopf ein Bild.
Nachts, wenn die Welt wird stumm und leise, solltest du bei mir sein, sollten wir uns berühren, unsere Zuneigung und Liebe spüren.
Nachts, wenn alles schläft, wünsche ich mir so sehr du wärst bei mir.

∞

Wäre ich eine Wolke

Wäre ich eine Wolke, ich wäre leicht und schwebte zwischen Himmel und Erde, so wie ich es sonst nur fühle, wenn du mich liebst.
Der Wind wehte mich über Berge und Täler hin zu dir.
Ein Gefühl von Glück und Lebenslust, wie ich es empfinde, wenn ich mit dir zusammen bin.
In der Abendsonne würde ich gelb, orange und rot leuchten, wenn du zu mir hinaufschaust, so wie mein Strahlen, wenn ich lächle beim Gedanken an dich.
Am Morgen würde ich auch leuchten im Morgenrot, wie es in mir im Herzen brennt, wenn ich dich begehre.
Schwarz und schwer würde ich als Wolke werden und Regentropfen fallen lassen auf die Erde, so wie ich weine, wenn die Sehnsucht so groß und die Trennung so lang.
Wäre ich eine Wolke, könnte ich dich immer sehen, deine Wege mit dir gehen, könnte rosa sein, damit du träumst von mir, von uns.
Wäre ich eine Wolke jetzt, dann würde es jetzt regnen, es regnete Tränen der Sehnsucht nach dir.

Nimm meine Liebe

Nimm meine Liebe wie deine Haut, sie umschließt jede Stelle deines Körpers.
Sie schützt dich vor Nässe, vor Hitze, vor Kälte, wärmt dich und schmiegt sich eng an dich.
Jeder Millimeter dieser Haut kann meine Liebe fühlen, kann meine Küsse und zärtlichen Berührungen spüren, weiterleiten an dein Herz, tief hinein in deine Seele meine Liebe leiten.
Weich und anschmiegsam, prickelnd, wenn meine Liebe dich liebkost. Hautnah ist meine Liebe, deckt dich zu und hüllt dich ein.
Meine Liebe ummantelt dich wie deine Haut, atme durch sie meine Zärtlichkeit, wenn ich dich streichle, meine Leidenschaft, wenn ich dich liebe.

Morgengedanken an dich

Wenn du deine Augen öffnest und die Sonne scheint dir ins Gesicht, dann sind dies zärtliche Berührungen von mir.

Wenn du deine Augen öffnest und ein Windhauch streichelt deinen Körper, dann ist es mein Atem, wenn ich dich küsse.

Wenn du deine Augen öffnest und der Regen klopft an dein Fenster, dann sind dies Tränen meiner Sehnsucht.

Wenn du deine Augen öffnest und der Mond leuchtet in dein Gesicht, dann ist das mein Blick, wenn ich dich anschaue, voller Liebe und Zärtlichkeit.

Wenn du deine Augen öffnest und es ist dir heiß, dann ist dies die Leidenschaft zwischen meinen Lenden, die du spürst.

Wenn du deine Augen öffnest und draußen, Schnee herab rieselt, dann sind dies meine Berührungen und Küsse die deinen Körper bedecken.

Wenn du deine Augen öffnest und die Sterne funkeln, so sind dies Schmetterlinge in meinen Bauch, die bei jedem Gedanken an dich flattern.

Wenn du deine Augen öffnest und du siehst einen Vogel, ist es mein Geist, der über dich wacht und dir Botschaft meiner Liebe überbringt.

Wenn du deine Augen öffnest und du hörst in deinen Inneren die Worte ich liebe dich, dann habe ich dies im selben Augenblick gedacht.

Wenn du deine Augen öffnest und an mich denkst, dann sind all meine Gedanken und Träume in der Nacht zu dir gelangt.

∞

Mutter

Von dir geboren, kam ich auf diese Welt. Aufgewachsen unter deiner Obhut, ich konnte immer zu dir kommen, wenn ich wollte, deine Hilfe brauchte oder auch einfach nur so.

Leicht mit mir hattest du es sicherlich nicht immer. 55-Jahre bin ich nun schon alt, selbst Vater und Opa und wieder einmal komme bzw. bin ich bei dir, weil mein Leben an einem weiteren Scheidepunkt steht und ich nicht wirklich weiß, ob und wie es weiter geht.

Du nimmst mich auf, als der, der ich bin ohne Vorwürfe, ohne Fragen. So ist dein Mutterherz, stets da für mich, für deine Kinder und Enkelkinder, besorgt und hilfsbereit. Allein „Dankbar" dir gegenüber zu sein, erscheint mir viel zu wenig! Mit diesen Zeilen möchte ich dir sagen, wie sehr ich dich als Mutter, Mensch und in gewisser Weise auch als „Freund" schätze!

Nicht nur wegen des bevorstehenden Muttertages schreib ich dies, sondern weil eben das Leben, mein Schicksal in diesen Tagen wieder einmal alles auf den Kopf stellt. So lange du lebst ist mir nicht bange, denn ich kann deiner Hilfe sicher sein, erst wenn du eines Tages gehst bin ich allein. Daran denken will ich nicht und ich verdränge diesen Gedanken stets mit Leidenschaft. Mit dir Mutter bin ich gekommen auf diese Erde und mit einer Mutter werde ich auch wieder zurückkehren in die Erde. Ich kann nur jeden wünschen, auch so eine Mutter wie dich zu haben. Diese Zeilen kommen aus tiefsten Herzen von deinem Sohn.

∞

Körper und Seele

Mein Körper hält so einiges aus. 72 Stunden mit nur jeweils einen „normalen" Frühstück und in diesem Zeitraum mehr als 30 km zu Fuß unterwegs und 260 km mit dem Rad. Mit so wenig Nahrung kommt mein Körper aus und kann doch ganz schön was leisten, mit diesem Alter und einem Herz, das lädiert durch einen Hinterwand-Infarkt. Tränen, weil tief traurig und Erinnerungen so viel und Angst was komme. Nein mein Körper braucht keine Nahrung oder nur ganz wenig, nur so viel wie zum Überleben nötig.
Meine Seele, meine Seele aber hat „Hunger und Durst". Meine Seele schmerzt, sehnt sich nach Nahrung, sie braucht Liebe, sehnt sich nach Wärme, nach Worten und Verständnis, nach Berührung und Zweisamkeit. Nach der Liebsten verzehrt sie sich bei jedem Gedanken und Tun an diese Liebe. Klammert sich wie ein Kletterer an jeden nur erdenklichen Halt und Tritt im Felsen. Hinter den Gedanken Abgrund und vorwärts steile Wände, wann bin ich oben? Wann hat das Hoffen und Sehnen ein Ende? An einer Brücke kam ich heute vorbei, hoch sehr hoch, war diese. Gleich am Anfang war ein Schild mit den sinngemäßen Worten: Es gibt immer eine Lösung! Du kannst uns anrufen unter dieser Nummer. Beim Lesen dachte ich sofort an andere Seelen und Herzen mit großen Schmerzen und 100 m Abgrund könnten beenden diese Ausweg- und Hoffnungslosigkeit. Der Gedanke in mir währte nur ganz kurz, denn ein Leben und sei es noch so „trostlos, ausweglos, verpfuscht, vertan, hoffnungslos", ein Leben beendet man nicht selbst!

Dieses hohe Gut und Privileg auf dieser Erde als Gast Leben zu dürfen, ist für mich als gläubiger Mensch, von Gott gegeben, ist „heilig". Wenn dieses „Leben", leiden muss, dann denke ich an unseren Herrn, der für uns gelitten hat, für uns sein Leben gegeben hat, in seiner Liebe zu uns Menschen.

Ich will auch mein Leben geben, mit all dem was das Leben ist: Lieben, Hoffen, Geben und Nehmen und auch Leiden, wenn es so sein soll. Aber ich will niemanden „mitnehmen" in dieses Leiden und keine Schmerzen zufügen.

Es ist mein Leben, mein Leid, mein Glück. Die Zeit ein Leben zu beenden liegt nicht, in der Menschen eigener Macht.

Ich gebe die Hoffnung nicht auf, dass auch meine Seele Erfüllung findet, durchaus so asketisch, wie der Körper es kann, in dem sie wohnt.

Wird etwas verschlossen, öffnet sich an anderer Stelle wieder etwas Neues.

Ohne di

Ohne di is alles so grau, egal wohin i schau.

Ohne di scheint a die Sunn net so hell,
nur die Nacht is no dunkler als sunst.

I wart voller Sehnsucht, bis du wieda zu miar kummst.

Ohne di, I denk oft drüba noch, ohne di, macht fia mi
koan Sinn, weil i so verliabt in die bin.

A die Stearn` und da Mond sann net so klor, ols wia
wann mia auffi schau`n, gemeinsam ols Poar.

Ohne di is wia Pflonz'nwurzel ohne Erd'n.
Ohne di, denk i oft, wos soll ohne di – aus miar
weard'n.

Ohne di nur Traurigkeit und Leere.

Ohne dich

Ohne dich ist alles so grau, egal wohin ich schau`.
Ohne dich scheint die Sonne nicht so hell,
nur die Nacht ist noch dunkler als sonst.

Ich warte voller Sehnsucht, bis du wieder zu mir
kommst.

Ohne dich, ich denk oft drüber nach, ohne dich, macht
für mich keinen Sinn, weil ich so verliebt in dich bin.

Auch die Sterne und der Mond sind nicht so klar,
als wenn wir hinaufschauen, gemeinsam als Paar.

Ohne dich ist wie eine Pflanzenwurzel ohne Erden.
Ohne dich, denk ich oft, was soll ohne dich – aus mir
werden.

Ohne dich nur Traurigkeit und Leere.

Poesie ist es

Poesie ist es, die ein Bild lebendig werden lässt und Worte geschrieben oder gesprochen, malen ein neues Bild im Kopf des Hörers, des Lesers.

Poesie ist es, die Gedanken Flügeln verleiht und in Wort und Schrift die Schönheit der Natur, die Reinheit wahrer Liebe, Gefühle zwischen Himmel und Hölle, den Seelenzustand zu artikulieren vermag.

Poesie ist des Poeten tägliches Brot, des Dichters Inneres nach außen gekehrt, wenn er sich vor Sehnsucht verzehrt, wenn er liebt, wenn er begehrt.
Worte und Texte vom Abgrund tief und himmelhochjauchzend, über Gott und das Universum.
Über das Leben.
Poesie ist es, die die Welt in Sprache und Worte hüllt, wenn man fühlt.

Tour der Tränen

Wege zu gehen, Wege zu fahren, die man mit seiner Ex-Frau gegangen bzw. gefahren ist, ist wie ein Film der Erinnerungen, begleitet von Wehmut und Traurigkeit, auch wenn da und dort ein Lächeln sich zeigt, ob diverser „Schnitzer", was die gewählte Route betrifft oder aber auch Plätze von denen wir gleichermaßen angetan und beeindruckt waren. Sogar ganze Gespräche über Orte oder Gebäude kommen mir beim Betrachten wieder in den Sinn, nur alles ist still, alles ist stumm. Ich bin allein, du bist nur in Gedanken mit mir auf diesen, vertrauten, alten Pfaden unterwegs und wir reden und diskutieren und lachen wie einst. Wie damals, es ist eine Tour der Tränen, ein Urlaub, einsam und voller schmerzhafter Erinnerungen, immer wieder Tränen und Fragen. Es ist noch nicht lange her, dass ich den Urlaub für uns Beide, beide gibt es nicht mehr,
gebucht hatte. Jetzt bin ich, allein hier, vermeide es in Lokale zu gehen, in denen wir gemeinsam waren, die Gegend und die Wege zu gehen und zu fahren ist schon schmerzhaft genug.
Manchmal ist es unerträglich und ich kann es nicht verhindern, dass Tränen trüben meinen Blick und ich möchte ganz laut schreien! Will den Schmerz herausschreien, ihn so zu verdrängen, zu eliminieren. Es gelingt nicht, zu wenig Zeit ist vergangen, zu frisch all die Erinnerungen, zu real das Bisher. Morgen ist es zu Ende und es geht wieder nach Hause, nach Hause? Zu Hause gibt es auch nicht mehr. Kein Ort, wo ich bin, wo ich noch hingehöre geht es mir durch den Kopf. Nichts, von Null fang ich wieder an.

Warum kann ich nicht beantworten, hab` es lange versucht, suche immer noch danach, doch tief in mir weiß ich, es gibt keine vernünftige und eindeutige Antwort darauf. Ich laufe noch einmal um den See, so wie wir das zusammen auch immer gemacht hatten.

Gedankenverloren marschiere ich den Weg entlang, es donnert und beginnt zu regnen, seit ich hier bin, werde ich das erste Mal nass, mir fällt spontan der Titel: Tears in Heaven ein, während auch ich wein. Es ist ja niemand bei dem Regen unterwegs, keiner sieht die stillen Tränen, keiner hört etwas, außer die Regentropfen, die auf Dächer und Autos trommeln und den Asphalt dunkel färben. Die Blätter der Bäume halten den Regen noch zurück, so als wären sie solidarisch mit dem Zurückhalten von den „Himmelstränen", so wie ich es unterdrücke so gut es geht, obwohl es wäre besser, endlich laut los zu schreien und zu weinen, um vielleicht den Schmerz zu lindern.

Ganz egal was ich tue, es ist wie eine Tour der Tränen. Ich bin in der Pension, es ist dieselbe, wie letztes Jahr, dasselbe Zimmer im selben Stockwerk.

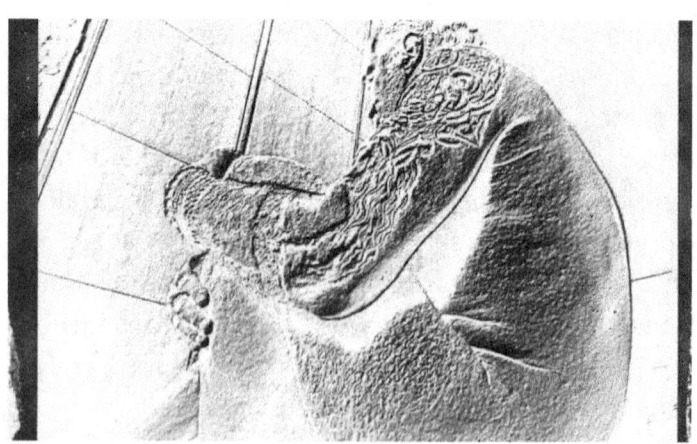

Verdammt

Es ist 16:00 Nachmittag, Ende Mai, ich sitz' da mit einer Flasche Wein und schenk' mir das nächste Glas ein während ich wein".

Ich denke nach und auch nicht, weil nur Traurigkeit aus mir spricht. Allein mit Gedanken, Gefühlen und fern der Liebe. Die Vergangenheit allgegenwärtig und gedankenerfüllt.

Erinnerungen mit Wehmut, Schmerz in der Brust, schöne Erinnerungen in meinem Kopf, aber auch Schmerz, ob der Verletzungen und der Versprechen die nie gehalten.

Doch schön war die gemeinsame Zeit trotz allen Schatten, schön war die Zeit, die wir hatten. Warum hat es nicht gereicht, warum hat es nicht gehalten, warum ist es so gekommen? Ich bin vom Wein schon benommen.

Fragen vom Wir, auf die du schon deine Antwort gabst. Vorbei mit uns zwei, endlich bist Du, bin ich wieder frei! Ich bin nicht böse auf dich, auch nicht auf mich oder auf Uns. Das Leben ist so kurz, zu kurz um nicht zu verzeihen, um nicht zu bereuen.

Bis jetzt warst du in meinen Lebensplan bis zu meinem Ableben allgegenwärtig und in meinen Gedanken verankert. Lebe wohl und ich wünsch dir das Allerbeste! Wünsche dir Glück und alles, was dir mit mir nicht beschieden war!

Wünsche es dir von ganzen Herzen und aus tiefster Seele. Obwohl wir uns mit der Zeit voneinander entfernt, so ist es doch so einsam ohne dich für mich. Es wird eine lange Zeit dauern all dies zu überwinden,

haben wir doch wahnsinnig viel gemeinsam unternommen und erlebt. Einen Teil von sich zu verlieren ist nicht einfach und schmerzt so sehr. Bin dankbar für die Lebenszeit mit dir, so lang ich lebe wohnt die Erinnerung in mir. Das allerbeste wünsche ich dir!
Verdammt!
Überall Spuren von dir, von uns, egal wohin ich fahre, wo ich bin. Verdammt, wir haben so viel gemeinsam gemacht und angeschaut und hatten noch so viel vor.
Verdammt!
Es tut weh, noch lange wird es so sein, weil wir gemeinsam so viel unternommen und erlebt.
Wir haben diese Zeit gelebt.
Hallo! Mein Freund Dunkelheit wir haben uns wieder, gehen wieder gemeinsam für eine ungewisse Zeit, bis du wieder dem Licht weichst, bis dahin habe ich dir einiges zu erzählen.

Hallo Schmerz

Hallo, da bist du ja wieder mein Schmerz, hab' dich fast schon vermisst, hab' vergessen wie du bist, während ich zärtlich geküsst.

Die Liebe in mir hat dich verbannt.
Die Liebe hat verdrängt dich und mit dir die Einsamkeit.
Die Liebe hat genommen mir die Angst vor dir, doch nun bist du trotz der Liebe bei mir.

Hallo Schmerz, du bist wieder da in meiner Seele, drückst auf mein Herz. Ich, hab` dich nicht vermisst, während ich leidenschaftlich geliebt und geküsst.

Hallo Schmerz, so viel Platz und Zeit für dich in meinem Leben und so wenig für die Liebe. Sehnsucht füllt die Zeit des Wartens und Angst vor dem Nichts, vor der Finsternis.
Auf dich mein Schmerz, auf dich ist Verlass, das ist gewiss.

Zu Hause

Was ist das?
Meine ersten Gedanken dazu sind: Zuhause hab' ich keines mehr.

Selbst schuld, sagt eine Stimme.
Was ist das? Ein Zuhause, fragt eine andere Stimme?
Das ist, sagt eine weitere Stimme, das, wo Leute sagen: Dort wohne ich, dort bin ich Zuhause, dort sind die, die ich liebe, dort fühle ich mich wohl und geborgen.

Hab' ich nicht!
Doch! Sagt eine weitere Stimme, du hast ein Zuhause, eines, wo dein Herz und deine Seele zu Hause sind, dort wo du dein Glück spürst und erfährst, dort wo du die Zeit vergisst, wo du zufrieden bist- bei deiner Liebe.
Ja! Tönt es in meinen Kopf- Ja!

Ich habe ein Zuhause für mein Herz, für meine Seele.
Es ist kein Haus bestehend aus Mauerwerk und Holz mit einem Dach, es ist viel schöner!
Mit ganz vielen Zimmern und Terrassen, überall Blumen und es ist sehr hell dort.
So hell, wie das Leuchten einer riesigen Sonne im Universum.

Es ist ein Zuhause, das so lange ich lebe existiert und in das ich gehen kann, wenn ich an die Liebe denke.

∞

I will mit diar

I will mit diar beben, wia i's nur mit diar kann in mein Leben.
Will mit diar Eins sein, beim Atmen und im Gleichklang mit unser'n Herzschlag.
Dei Wärm' g'spür'n und berühren dei wunderbare, wache Haut.
Deine Lippen g'spiarn, auf mein` und deine Fingerspitzen auf mein G`sicht.
Mit diar hinfortschweben in a andere Welt, in der nix außer uns're Liebe zählt.
I schenk mi diar als a Ganzer, mei Herz, mei Seel' mein Körper, gib diar all mei Liab, I schenk diar mei Leb'n, will mit dia beb'n.
Ohne di will i nimma sein, wei` ohne di bin i so allein,
Ohne di koa I.

∞

Ich will mit dir

Ich will mit dir beben, wie ich es nur mit
dir kann in meinen Leben.
Will mit dir Eins sein, beim Amen und im Gleichklang
mit unserem Herzschlag.
Deine Wärme spüren und berühren deine wunderbare,
weiche Haut.
Deine Lippen spüren auf den meinen und deine
Fingerspitzen in meinem Gesicht.
Mit dir schweben in eine andere Welt, in der nichts
außer unsere Liebe zählt.
Ich schenk mich dir als Ganzes, mein Herz, meine
Seele, meinen Körper.
Gib dir all meine Liebe, mein Leben. Ich will mit dir
beben.
Ohne dich, möchte ich nicht mehr sein, weil ohne dich
bin ich so allein, ohne dich kein ich.

∞

Angst

Angst, tief in mir hab` ich große Angst, Angst dich zu verlieren. Die Angst nimmt mir den Atem, lässt mich nicht schlafen, nur sinnieren, die Brust zugeschnürt, kein klarer Gedanke. Dieses Gefühl der Ohnmacht, der Einsamkeit. Fern von dir und ohne Blickkontakt. Kein Berühren und in deiner Nähe sein. Kein Reden und Lachen mit dir, nur Nachdenken und allein. Der Gedanke, dass andere könnten sein in deiner Gesellschaft und Nähe. Wie gern ich derjenige wäre und so schön die Vorstellung, doch ich bin weit weg und fall in ein Loch. Angst ist dort unten in dem Loch und auch dunkel, wie sehr ich dich brauch!

Träumerei

Du bist in Gedanken in unserer Hütte mit mir. Unsere Hütte liegt am Rande einer wunderschönen, naturbelassenen Bergwiese, umrandet von Bäumen. Die Kräuter auf der Wiese duften und eine Vielzahl von Blumen blühen, in der Luft das Summen von Bienen und man hört Grillen zirpen. Ich liege im Liegestuhl auf der kleinen Terrasse vor der Hütte mit geschlossenen Augen, auch du liegst neben mir, unsere Hände ineinander verschlungen.

Unsere Augen haben wir geschlossen, spüren die Sonnenstrahlen auf unserer Haut und außer dem „Musizieren" der Insekten hören wir nur das Rauschen des kleinen Bächleins, das sich durch die Mitte unserer Wiese schlängelt. Wir haben uns eben noch geküsst und uns gesagt, dass wir uns lieben. Ich spüre deinen Puls, deine Nähe und Wärme. Es ist so beruhigend für mich, ich bin so glücklich, wenn du so neben mir bist. Es ist wie im Paradies, du, diese wunderschöne Natur, unsere kleine Hütte, die Herzen im Gleichklang, die tiefe Zuneigung, das Verstehen und die Liebe erfüllt mit Zärtlichkeit und Leidenschaft.

Was für ein Glück ich doch habe, dass ich dich kenne, mit dir zusammen sein und dich lieben darf. Später dann, denke ich so bei mir, werde ich an meinem Buch weiterarbeiten, erst einmal genieße ich deine Nähe und die Zweisamkeit. Wenn ich dann die Augen öffne, sehe ich, wie wunderbar du alles dekoriert hast im Haus, auf der Terrasse und die Augenweide von Garten. Ich durfte dir dabei helfen, wo eine Männerhand notwendig war, aber alles andere hast du so liebevoll und gekonnt gemacht. Wie ich dich liebe denke ich noch, dann schlafe ich ein. Ich spüre etwas Weiches in meinem Gesicht und „Kalt-Nasses" auf der Wange. Ich öffne die Augen, was sehe ich da, Paul macht sich an mir zu schaffen, unsere Katze hat mich mit ihrer Pfote betätschelt und dann versucht mich zu küssen, was ich gar nicht so gerne mag. Derweil ich eingeschlafen bin, habe ich geträumt, ein immer wieder wunderschöner Traum von uns, vom Wir. Ich warte sehnlichst und voller Ungeduld darauf dich wirklich neben mir zu haben, dich in meinen Armen zu halten und zu küssen.

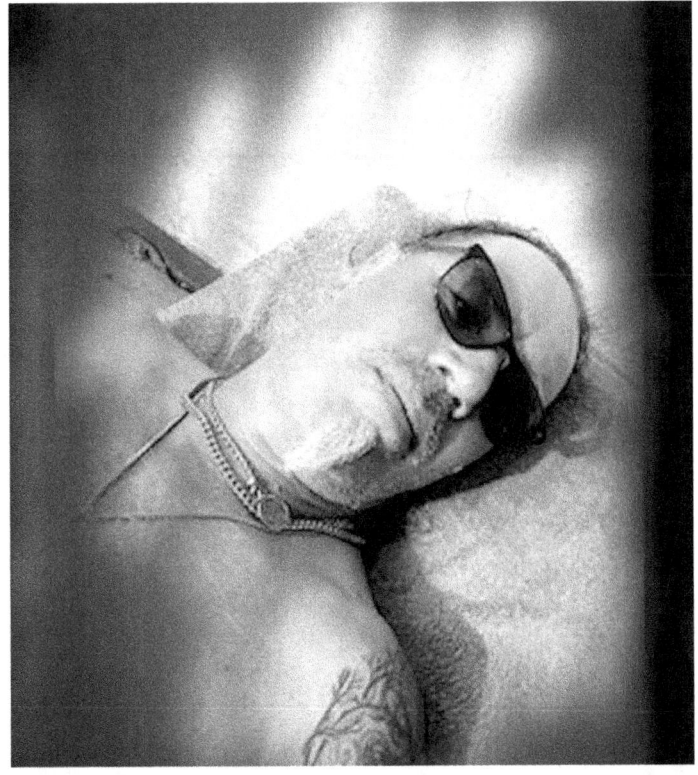

Was ist es wert?

Das ist wohl eine Frage, die sich jeder schon in den verschiedensten Situationen gestellt hat.

Man sollte nicht abwägen, was man selbst tut und was jemand anderer, noch dazu, wenn das für sich selbst ein sehr nahestehender Mensch ist, tut.

Wenn man anfängt solche Überlegungen anzustellen, dann tut dies der Seele gar nicht gut, weil man den Menschen doch liebt und nicht begreifen kann, was er dem Anderen damit antut.

Bewusst oder unbewusst oder situationsbedingt? Man weiß es nicht, das ist das Schwierige daran, weil man liebt und es nicht glauben will und kann.

Was bleibt ist Traurigkeit und das Gefühl des Verlassensein, des Nichtwichtig-sein, schlimmer noch nicht geliebt Seins, oder zumindest zu wenig oder weniger. Als man selbst liebt? Nein! Das sind falsche Gedanken, womöglich Gedanken der Angst? Der Eifersucht? Des Besitzdenkens? Der eigenen Unsicherheit?

Wer weiß das so genau, in diesen Situationen denkt man anders, nicht mehr logisch und überlegt, man ist Teil einer Fantasie, eines Hirngespinstes.

∞

Albtraum

Es ist dunkel, kann nichts sehen.
Es ist ganz leise, kann nichts hören.
Ich habe große Angst, kann ich es wagen vor- oder rückwärts zu gehen?
Ist es ein schwarzes Loch?
Oder ist es ein dunkler Raum?
Schweiß, auf meiner Stirn. Ich gehe, taste mich langsam vorwärts, bei jedem Schritt der Gedanke an ein Endlosfallen. Stunden schon ist es dunkel, kein Licht in Sicht. Gehe ich denn vorwärts?
Oder gehe ich im Kreis?
Ich weiß es nicht. Es gibt nichts woran ich mich mit Sehen, Hören oder Tasten orientieren kann.
Es gibt nichts, nur Leere.
Ich bin allein, keiner hört mich schreien, keiner hält mich fest und niemand außer mir redet mit mir. Ich lieg am Boden zusammen gekauert und lausche ins Nichts, starre in die Leere. Mir ist so kalt und ich bin einsam, mit meiner Angst. Ich weiß nicht, wo ich bin und ob ich überhaupt bin. Ist dieses Nichts, diese Leere, bin ich in meiner Seele?
Oder bin ich gefangen in einem endlosen Abgrund.
Verzweiflung. Ich krieche auf allen Vieren durch dieses Dunkel, zitternd und leise weinend. Ein Albtraum?
Oder bin ich schon tot? Und kann selbst im Tod nicht finden das Licht? Ich bleib stehen, höre in die Leere- nichts, nur mein flacher Atem und mein ängstlich schlagend Herz. Kalt, mir ist so kalt. Ich fange an vor Verzweiflung zu schreien. Heiß ist mir, Schweiß auf meiner Stirn und meinem Körper.

Ich bin aufgewacht, hab mich im Bett aufgesetzt, ein Albtraum oder?
Nein, es ist dunkel und ich bin allein. Einsamkeit in mir und Leere.
Wo ist die Wärme meiner Liebe?
Wo ist der Duft ihrer Haut und wo ist ihre Hand, die mich hält und wo ist der Kuss von ihr, der mich Leben spüren lässt?
Wo bin ich und was tu ich hier? Warum überhaupt bin ich hier?
Fragen.
Nur nicht wieder einschlafen und diesen dunklen Albtraum erleben! Doch auch jetzt, wo ich wach bin, nur Leere und Nichts.
Ich bin allein.

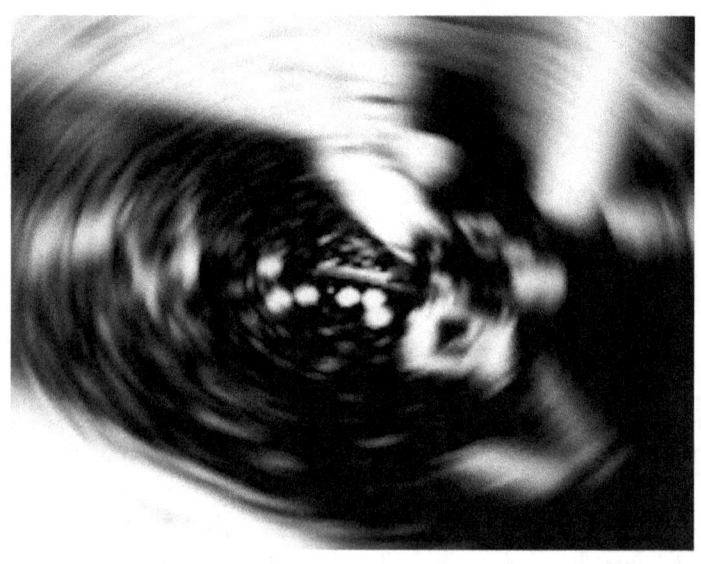

Ein weiterer Herbst zieht ins Land

Wieder malt der Herbst mit bunten Farben in Wiesen und Wäldern, so wie immer, Jahr für Jahr.
Auch bei mir malt er schon, der Herbst, auf meiner Haut und im Haar.
Nur, dass die Farben bei mir nicht mehr den bunten Blüten des Frühlings und dem satten Grün des Sommers gleichen, nein, mit den Jahren wird alles dem Winter gleich, weiß und bleich.
Doch ist des Herbstes Farbenspiel eine Augenweide, bringt auch und gerade ob des x-ten Herbstes meiner Seele Freude.
Ein schöner Herbst, verkauft und versüßt uns die Vergänglichkeit mit bunten Bildern und macht uns zugleich Hoffnung, dass nach des Winters Starre im Frühling eine Wiedergeburt erfolgt.
Denn nichts ist umsonst in der Natur, selbst das Sterben bereitet den Weg für neues Leben.
So ist der Lauf der Zeit, ist der Verlauf im Leben. Ich wünsche mir, noch viele bunte Herbste zu erleben.

Einsam, mit großer Sehnsucht

Einsam, mit großer Sehnsucht, in meinem Herzen, wandere ich über Wiesen und in Wäldern, Hügel und Täler.

Meine Gedanken schweifen zu unserem Wir, zu den Zeiten, in denen wir beisammen sind. Ein Lächeln spüre ich da in meinem Gesicht und ein Gefühl der Wärme strömt durch meinen Körper.

Was machst du gerade? Wo bist du? Denkst du auch an mich, an uns?

Schön wäre es, wenn ich dich an meiner Seite hätte, Hand in Hand. Gemeinsam könnten wir das Schöne der Natur bewundern und miteinander reden und erzählen. Zärtliche Blicke und Lächeln könnten wir uns gegenseitig schenken und uns berühren.

Ich wandere schon seit zwei Stunden ohne Pause zu machen, da sehe ich ein schönes Plätzchen mit einem Kreuz und einer Bank, ich setze mich hin und schreib meine Gedanken nieder, eben diese Zeilen.

Ich freue mich schon so sehr, auf die nächste Zeit, die ich mit dir verbringen darf, aber nun ist es wieder Zeit weiter zu wandern. Sie ist so schön, die Natur denke ich, so schön wie unsere Liebe und noch schöner bist du. Ich liebe dich.

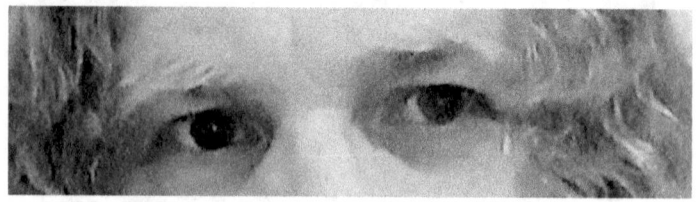

Die Sonne scheint

Die Sonne scheint in mein Herz hinein, ach könntest du doch bei mir sein.
Komm wir genießen gemeinsam diesen Tag, die Freude doppelt, weil ich dich so mag.

Die Sonne am blauen Himmel, hell und rund, ich gebe dir ein Busserl auf deinen süßen Mund.
Wir gehen Hand in Hand durch`s Liebes- Wunderland.

Ich kann deinen Herzschlag spüren und meine Liebe bei jedem Berühren.
Dein Haar riecht wunderbar und deinen Augen so schön und klar.
Ich will bei dir sein, Jahr für Jahr und dich lieben ein Leben lang.

Die Sonne in meinem Leben, das bist du, drum gib mir deine Hand, wir wandern durch das Liebes- Wunderland.

Mir is` so wunderbar warm

Mir is` so wunderbar warm, wonn wir uns halten in di Oarm.

Wonn i, des Feier der Liab` in mir g'spir und glücklich bin mit dir, dann pfeif i auf'n Rest der Welt, auf' n sogenannten Erfolg und a auf vü` Geld.

Liaba is miar du bist in meine Arm` und wir san` glücklich und unsere Herzen haben's woarm.

Deine Aug'n san wia helle Stern, i hab di furchtbar gern'.

I mechat des olles nia mehr missen, des Verliabt- und geborgen Sein, des im Oarm halten und des Küssen.

Mir is so wunderbar woarm, wenn wir uns halten in di Oarm.

Mir ist so wunderbar warm

Mir ist so wunderbar warm, wenn wir uns halten im Arm.

Wenn ich das Feuer der Liebe in mir spüre und glücklich bin mit dir, dann, pfeife ich auf den Rest der Welt, auf den sogenannten Erfolg und auch auf viel Geld.

Lieber ist mir du bist in meinem Arm, wir sind glücklich und unsere Herzen haben es warm.

Deine Augen sind wie helle Sterne, ich habe dich furchtbar gerne.

Ich möchte das alles nie mehr missen, das Verliebt- und Geborgensein, das in den Armen halten und das Küssen.

Mir ist so wunderbar warm, wenn wir uns halten im Arm.

∞

Meine Liebe

Rosenblätter duften zart und sind schön wie deine Haut, ich versinke beim Einatmen deines Duftes in eine andere Welt.

Wenn ich dir so nah bin, dass ich deinen Herzschlag fühlen kann und deine Wärme spüren, dann bin ich in meinem Traumland. In dem Land, wo ich bin mit dir stets Hand in Hand.
Bei jedem Kuss ein Regenbogen am Horizont und dein Lächeln ist die Sonne am Himmel. Wir können fliegen dort, an diesen wunderbaren Ort und wir lieben uns immerfort.

Nachts leuchten deine Augen, sind wie die Sterne und der Mond schimmert in der Ferne, sein Licht leuchtet auf unsere Glückseligkeit.
Ich liebe dich immer und ewig so wie heut'.

Du bist das Schönste

Wie oft bist du in meinem Kopf, Erinnerungen und Gedanken.
Du bist mein schönster Gedanke.
Immerzu träume ich von dir, in der Nacht und auch am Tag.
Du bist mein schönster Traum.
Deine Liebe kann ich spüren alle Zeit.
Du bist meine Liebe.
Mit offenen und geschlossenen Augen sehe ich Bilder von dir.
Du bist mein schönstes Bild.
Wenn ich in deinen Armen liege und zärtlich bist zu mir.
Du bist meine schönste Wärme.
Deinen Herzschlag höre und spüre ich auch wenn du nicht bei mir bist.
Dein Herz gibt den Takt für das meine.
Wenn wir zusammen sind, die Zeit verfliegt im Nu.
Meine schönste Zeit bist du.
Wenn ich spüre und fühle deine Haut.
Du bist mein Leben so vertraut.
Wenn du mich ansiehst und mich anlächelst.
Du bist mein Lachen.
Wenn ich mir wünsche, du wärst bei mir und wir ein Paar.
Du bist mein schönster Wunsch.
Wenn ich an dich denke.
Du bist das Schönste in meinem Leben.
Wenn ich arg Sehnsucht hab nach dir.
Du bist meine schönste Sucht.

Wenn ich traurig bin

Wenn ich traurig bin, so wie heute Morgen auf der Suche nach einem Sinn.

Einen Sinn darin zu erkennen was ich tu' und wer ich bin. Meine Wünsche, Träume und Visionen, die Realität und das Hier und Jetzt. Mir fehlt an Nichts? Ich habe alles, was ich brauche für ein komfortables Leben und auch die Gesundheit ist wieder ganz recht im Lot, kurzum ich leide keine Not.

Die Träume und Gedanken in meinem Kopf sind größtenteils schön und wunderbar und manch` Traum schon in Erfüllung ging, manche Vision schon in die Tat umgesetzt, so gibt es doch Dinge, die ich nicht verarbeiten kann, wie's scheint.

Angelegenheiten, die ich gerne anders geregelt hätte, Situationen, die ich gerne rückgängig bzw. vermieden hätte.

Hätte, wäre, wenn -ja diese Fragen sind auch ständig in meinem Kopf und dann wieder das Gegenteil davon, Freude, Glück und Lachen. Ein Auf und Ab.

Leben.

∞

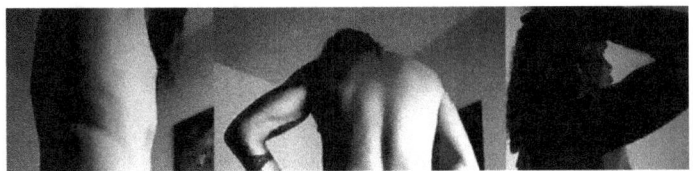

Alles, was ich will

Alles, was ich möchte, ist an deiner Seite zu sein in der Nacht und auch am Tag.
Alles, was ich möchte, bist du.

Ich begehre dich wie nichts anderes auf der Welt, vielmehr als Gut und Geld.

Alles, was ich möchte, ist, dass ich dir gehör' und du mir.
Alles, was ich möchte, bist du.

Ich liebe dich bis in alle Ewigkeit, mein Herz nach dem deinen schreit.

Ich will dich, will dich so sehr, will dich glücklich machen so lange ich lebe, nur mit dir kann ich fliegen, nur mit dir ich vor Glück bebe.
Alles, was ich möchte, bist du.

Ich schenk' dir mein Leben, ich schenk' dir mich, kein Lachen mehr für mich ohne dich.

Ich begehre dich, bin verrückt nach dir, alles was ich will- komm' zu mir.

Frühmorgens

Mit geöffneten Augen liege ich im Bett und blicke in das Halbdunkel des beginnenden Tages. Zaghaft bahnt sich das Licht einen Weg und verdrängt die Nacht.
Es ist noch bewölkt vom gestrigen Regen und es wird wohl bis in den späten Vormittag dauern, bis sich die Sonne wieder durchsetzt.
Wie schön, denke ich wäre es jetzt, deine Wärme zu spüren und zärtlich deine Haut zu berühren.
Es wäre noch genügend Zeit, um dir meine Zärtlichkeit und Leidenschaft zu geben, bevor der Tag weiter voranschreitet und wir gemeinsam frühstücken würden.
Ob du noch schläfst? Und von uns träumst? Oder auch mit offenen Augen, so wie ich im Bett liegst und denkst wie ich?
So wandern meine Gedanken hin zu dir, schweifen hin zu den Morgen, an denen ich deinem Atem lauschen konnte, deinen Herzschlag spüren und dich mit zärtlichen Küssen verführen.
Ich spüre ein Feuer in meinem Herz, es brennt seit ich dich kenne und bei diesen Gedanken fällt mir ein, dass ich es dir gegeben hab, samt Schlüssel, damit du es bei dir hast, damit ich immer bei dir bin, auch wenn große Entfernung zwischen uns liegt.
So wie am Horizont das Licht immer mehr wird, so wurde und wird meine Liebe zu dir mit jedem neuen Morgen größer und inniger, auch wenn die Zeit, die wir haben, wenig und meist kurz ist, in der wir unsere Liebe leben können, sind es doch die Zeiten in meinem Leben, in denen ich gemeinsam mit dir so glücklich und zufrieden bin.

Während ich diese Zeilen schreibe, zeichnen sich schon merklich die Konturen des Horizontes ab, wie ein Scherenschnitt, die Linie zwischen Erde und Himmel.
Ich blicke aus dem Fenster, warte schon ungeduldig auf die Farbe des Lichtes.
Ist es heute auch wieder von Gelb über Rot bis hin zu Zyan? Wunderschön sind sie anzuschauen, die Sonnenaufgänge und über jeden freue ich mich.
Die Geburt eines neuen Tages, neue Möglichkeiten, neue Erfahrungen,
Herausforderungen und Freude, aber auch Arbeit, Routine und weniger gute Neuigkeiten und Begebenheiten kann er bringen.
Sehnsucht nach deiner Nähe habe ich am Tag und auch in der Nacht, wenn meine Gedanken wandern hin zu dir meine Liebe.
Auf das nächste Wiedersehen freue ich mich immer schon wieder beim Abschied von dir, sowie am Abend auf den nächsten Tag.
Tieforange ist inzwischen der Streifen am Horizont, darüber die restlichen schwarzen Wolken und der immer heller werdende Himmel, fast hellblau,- fast weiß. Das Fenster ist geöffnet von draußen dringen die Geräusche von den Fahrzeugen der zur Arbeit kommenden Mitarbeiter in mein Zimmer, bald werden auch erste Stimmen dazu kommen.
Vogelgesang kann ich keinen vernehmen, es liegt an der Jahreszeit, es ist schon Mitte September, schon wieder, denke ich.
Ein Jahr, was ist das schon, wie schnell verfliegt es in meinem Alter. Ein Tag, ein Monat, ein Jahr.

Bilder in meinem Kopf, ich sehe gerade eine Rückblende von meinem Leben im Schnelldurchlauf.
Ich sehe mich als Kind, als Jugendlicher, als junger Mann, als Vater, sehe meine Tochter, süß und unschuldig mit Locken und blondem Haar und gleichzeitig sehe ich schon meine Enkelkinder, ebenso süß und unschuldig und lieb sind sie, denk ich und hab das Bedürfnis sie, meine Tochter bald wiederzusehen.
Im nächsten Augenblick sehe ich mich schon, geschieden und an einem anderen Ort mit der zweiten Frau. Es geht rasch weiter, ich sehe mich in der Klinik liegen, auf der Intensivstation, meine Tochter steht vor mir, fragt mich wie es mir geht. Ich lächle und sage ihr, dass es wieder wird und ich Glück hatte und alles wieder gut wird. Ich habe den Tag im Kopf, an dem ich dich, das erste Mal sah, mit dir sprach, ein Lächeln in meinem Gesicht und ich fühle augenblicklich, wie mir warm wird.
Im Schnelldurchlauf habe ich vieles übersprungen, mein Kopf wollte so rasch als möglich zu den Tag kommen, an dem ich dich traf.
Meine Gedanken und Erinnerungen, die Bilder sehe ich jetzt im normalen Tempo und manchmal, bei besonders intensiv erfahrenen Gefühlen in Zeitlupe.
Draußen schreitet der Tag voran, ein Blick auf die Ihr sagt mir, dass es auch für mich Zeit wird aufzustehen.
Ich greif neben mich und such dich, um dir zu sagen, dass Wir jetzt aufstehen müssen, um dich zu küssen, mit einem guten Morgen und aus meinen tiefsten Inneren, du bist wunderbar mein Schatz, ich liebe dich, in den Tag zu starten.

∞

Vater im Himmel,

durch dein Schaffen ist es uns gewährt, Gast auf dieser schönen Welt zu sein. Du gabst uns diese Natur mit ihren Gaben, schenktest uns mit deiner Liebe unser Leben. Du gabst uns eine Seele und einen Verstand, hast uns gezeigt, wie ein Miteinander unter uns Menschen, Tieren und Pflanzen im Einklang möglich ist. Der Glaube, den du uns gabst, gibt uns Hoffnung, Zuversicht und den Leitfaden für ein erfülltes, friedliches Leben. Auf dass wir am Ende unseres Lebens sagen können: es war ein schönes Leben, mit allen Höhen und Prüfungen, du warst zu jeder Stunde bei uns, wenn wir es zuließen. Wenn wir auf dich, unseren Vater hören, dann wissen wir den Weg. Bitte verzeih mir die Stunden in meinem Leben, in denen ich versuchte ohne dich zu leben, verzeih mir meine Taubheit, wenn ich weghörte. Verzeih mir bitte in deiner unendlichen Güte meine Fehler, insbesondere jene, bei denen ich andere Menschen verletzt habe, wo ich ohne dich lebte. Ich danke dir jeden Augenblick, den ich auf dieser, deiner Welt leben darf, die Schönheit deiner Schöpfung, mit all den Pflanzen und Tieren, deiner Wärme und Güte, besonders zu mir, wo ich ein Sünder bin. Vater im Himmel ich schaue auf zu dir im stillen Gebet, wenn ich verzweifelt bin, wenn ich am Boden bin, aber auch wenn ich glücklich bin und Freude empfinde und so wie jetzt gerade, wo ich diese Zeilen schreibe, wenn ich dankbar bin, all dies zu erleben im Bewusstsein, dass du für mich immer da bist. Mein Vater im Himmel.

∞

Tag-Traum-Zeit

Ich arbeite wie ferngesteuert, versuche so viel als nur möglich zu erledigen, aber die Gedanken sind nicht klar. Zu viele Dinge zur gleichen Zeit, kaum ist etwas fast erledigt, schon das nächste angefangen, im Kopf ein Bild von dir und Fragen, wie geht es dir und was machst du grade? Denkst du auch grad an mich?
Ich mache weiter, nächstes E-Mail lesen, wichtig? noch aktuell? Selbst machen oder zur Bearbeitung an eine Kollegin/Kollegen weiterleiten?
Vermerk, Text, Ausdruck? Wann kriege ich eigentlich die Preise für die Kalkulation für das Projekt? Noch keine Mailnachricht diesbezüglich.
Draußen dämmert es schon, ich schaff das heute nicht mehr. Morgen! Ja da muss ich morgen früh wieder ran, geht morgens sowieso besser!
Bist du auch noch bei der Arbeit? Hast du heute Abend wieder was vor? Fragen in meinen Kopf, während ich E-Mails sortiere. Wäre schön heute, ein Abend ganz allein mit dir, ich könnte was zum Essen machen, eine gute Flasche Wein und Kerzenschein. Du küsst mich, ich küsse dich und wir schauen uns in die Augen.
Ich schau auf den Bildschirm, immer noch kein E-Mail mit den Preisen, aber immer noch achtzig E-Mails nicht gelesen
Es wird dunkel jetzt. Schreib dir zwischendurch, dass ich dich vermisse. Ah! Ich sehe du hast mir geschrieben und Fotos geschickt, ich schaue mir die Fotos an, lese und antworte dir. Sende dir auch ein Bild und schreibe, dass ich dir einen schönen Kinoabend wünsche, weil du heute

diesen hast, vergesse ganz mich bei dir zu bedanken, für deinen Wunsch zu einem schönen Adventabend für mich. Im Kopf habe ich Bilder von dir und mir, wunderbare Erinnerungen. Weiter mit der Arbeit. Nein ich mag,- kann,- nicht mehr! Morgen! Ich schalte mein Notebook aus, herunterfahren und aktualisieren- jawohl! Licht aus, ich schau aufs Handy, schreib dir, dass ich dich liebe, brauche und dich will. Du fehlst mir. Das nächste Mal, wenn ich dich in meinen Armen halten kann rückt näher. Ein einziger Tagtraum in diesen Zeitraum oder Realität? Manchmal ist es schwierig den seelisch,- geistigen Zustand in mir zu definieren, während des Zeitraums zwischen den Stunden, die ich mit dir verbringen kann, und jenen, wo wir getrennt sind. Tag-Traum-Zeit.

Ich habe gerade gegessen, schau noch TV, mehr oder weniger, im Kopf wieder Bilder und Gedanken, irgendwie freue ich mich schon, wenn ich ins Bett gehe später dann. Im Schlaf dann kann ich mich "richtig" zu dir träumen und "nebenbei" ist wieder eine Nacht weniger bis zum Wiedersehen. Du bist immer in meinen Kopf, weil ich dich liebe und begehre und meine Sehnsucht nach dir ist allgegenwärtig. Traum und Realität, meine Traumwelt.

∞

Zeit haben wir nicht viel

Zeit haben wir nicht viel. Mehr Zeit sich nehmen für den anderen nicht als Ziel.
Zeit für uns ist wichtig und richtig, das andere nicht wichtig. Eine Minute um zu sagen ein liebes Wort oder auch um zu schreiben ist nicht drin, weil beschäftigt ich mit Wichtigerem bin. Hab im Moment andere Interessen, soll nicht heißen ich habe dich vergessen! Auch nicht, dass du wichtig bist! Ich denk ja immer an dich. Melde mich dann mal wieder, wenn es die Zeit zulässt bei mir. Bin beschäftigt mit neuen, interessanten Menschen, die Zeit kurz und so viel zu erleben. Es wird wieder anders sein, wenn ich auch bin wieder allein. Verzeih mir bitte, dass ich dich find so wichtig, dass die Zeit ich mir nehme um dir zu sagen ich habe dich lieb und du fehlst, weil du mir damit keine Zeit nicht stiehlst. Die Zeit, bis du wieder Zeit hast dich zu melden werde ich einfach an dich denken und dir ab und zu mit Worten meine Zuneigung und Liebe zeigen und Zeit dir schenken.

Unglaubliche Sehnsucht in mir

Unglaubliche Sehnsucht in mir, mein Herz umzingelt von tausenden Flammen, Flammen der Sehnsucht nach dir meine Liebe.

Das Feuer lodert in mir, es frisst sich durch meinen Körper, jede Faser jeder Nerv in mir spürt dieses Feuer. In meinen Gedanken Bilder von dir, im Kopf Sehnsucht und Verlangen.

Die Glut, ein Beet aus Begehren, heiß und alles verschlingend.
Es pocht mein Herz, bei alles verzehrenden Gedanken an dich, an deine Liebe, die mir so fehlt.
Die Berührungen und das Küssen, das Fühlen und Spüren.

Liebste ich vermisse dich, meine Sehnsucht ist grenzenlos und fast nicht zum Aushalten. In mir ein Vulkan der Leidenschaft, wie Lava heiß und kurz vor dem Ausbruch.

Ich sehne die Stunde herbei, wo du das Feuer in mir löscht, die Lava und die Glut in mir mit deiner Liebe bändigst, die Sehnsucht und Verlangen in mir stillst.
In deinen Armen will ich meine Sehnsucht stillen.

∞

Ich bin ein Mann

Ich bin ein Mann, ein Mann, der weint.
Ein Mann der weint vor Verbitterung und über Ungerechtigkeit.
Ein Mann der weint über Enttäuschung und Täuschung.
Ein Mann der weint vor Sehnsucht nach seiner Liebsten.
Ein Mann der heimlich weint, wenn er allein.
Ich bin allein.
Ich bin ein Mann, der weint, weil sein Herz ihn drückt, weil es in der Seele dunkel ist und kalt, wenn er allein und fern der Liebsten.
Ich bin ein Mann, der weint, wenn er voll Glück in Zweisamkeit mit seiner Liebsten.
Ich bin ein Mann, der weint, wenn sie wieder geht, weil sie ihm nicht allein gehört.
Ich bin ein Mann, der heimlich weint, wenn er allein.
Ich bin ein Mann, der weint, weil sein Herz so schwer und dunkel die Seele.
Ich bin ein Mann, der weint, weil Sehnsucht und Verlangen nach der fernen Liebsten seine Seele in ein tiefes, schwarzes Loch hinunterziehen.
Ich bin ein starker Mann.

Ich bin ein Mann, der weint.

∞

Wenn du von mir gehst

Wenn du von mir gehst, Leere und Stille. Wenn meine Augen nicht mehr dein Gesicht schauen, verblasst auch die Schönheit der Natur.

Wenn meine Hände nicht mehr berühren deine Haut, Kälte dringt in meine Seele. Wenn du von mir gehst, meine Brust drückt auf mein Herz. Leise Tränen füllen meine Augen, wenn du fort bist und Leere auch in meinem Kopf.

Wenn auch die Sonne scheint, so ist es doch nicht hell, wenn du von mir gehst. Der letzte Kuss von dir bleibt ganz lange auf meinen Lippen, so gut, so süß und doch bitter, weil du nicht hier bist bei mir in meinen Armen.

Wenn du von mir gehst, geht auch ein großer Teil von mir. Ich kann nur dann glücklich sein, wenn du bleibst bei mir.

Wäre ich ein Liebhaber

Wäre ich ein Liebhaber, -dein Liebhaber. Wir würden uns treffen, nachdem wir in unseren Kalendern Termine, Aufgaben und andere Verpflichtungen gecheckt hätten. Einmal in der Woche oder innerhalb von vierzehn Tagen würde dies vielleicht gelingen. Riesig würde ich mich darauf freuen, dich endlich wieder zu sehen und in die Arme zu nehmen, statt vielleicht nur zu schreiben oder zu telefonieren. Die Zeit zwischen unseren Treffen, würden wir arbeiten, den privaten und familiären Verpflichtungen nachgehen. Ich träumte davon, was ich mit dir wohl schon erlebt hätte, von den Stunden, wo die "normale, gewohnte" Welt sich in Luft auflöste, wo ich dich nur für mich allein hatte und es ein reelles Wir gäbe. Manchmal würde ich auch von einem, "Mehr Wir" träumen, ich stelle mir in meiner Phantasie vor wie es wäre jeden Tag neben dir aufzuwachen, dich zu küssen und zu sagen ich liebe dich! Im Traum müssten wir uns auch nicht in der Öffentlichkeit verstecken. Ich träumte auch am Tag von dir und von uns, zählte schon wieder die Stunden bis zum nächsten Mal. Es wäre so wunderschön mit dir, pures Glück, in der Zeit, wo ich Haut an Haut oder Aug in Aug zusammen wäre mit dir. In meinem Traum habe ich die Rolle des Liebhabers. In der Öffentlichkeit, an Orten, an denen dich oder mich jemand erkennen könnte, täten wir so, als ob wir uns gar nicht bzw. kaum kennen würden, wir würden Distanz zueinander wahren. Dieses "Verstecken" wäre für mich nicht, würde ich doch gerne meine Zuneigung und Liebe zu dir zeigen können. Eine zärtliche Berührung, ein Kuss.

Traurig schaute ich hinüber zu dir, wenn ich andere Paare sähe, wie sie sich z.B.: im Schwimmbad berührten oder Haut an Haut im Wasser vergnügten. In diesen Situationen wäre es wieder wie im "normalen" Leben, jeder ginge seinen eigenen Weg.

Ich mach mir Gedanken, so wie jetzt, schreibe bzw. tippe es in mein Mobiltelefon. Es hilft normalerweise immer, wenn ich meine Träume, Gedanken und Gefühle in Worte kleide.

Wäre ich ein Liebhaber, so wäre es nicht einfach für mich mit den Gefühlen und der Sehnsucht klarzukommen. Im Traum bin ich ein Liebhaber.

Wenn ich traurig bin

Wenn ich traurig bin, so wie heute Morgen auf der Suche nach einem Sinn.
Einen Sinn darin zu erkennen, was ich tu' und wer ich bin.

Meine Wünsche, Träume und Visionen, die Realität und das Hier und Jetzt. Mir fehlt an Nichts? Ich habe alles, was ich brauche für ein komfortables Leben und auch die Gesundheit ist wieder ganz recht im Lot, kurzum ich leide keine Not.

Die Träume und Gedanken in meinem Kopf sind überwiegend schön und wunderbar und manch Traum schon in Erfüllung ging, manche Vision schon in die Tat umgesetzt, so gibt es doch Dinge, die ich nicht verarbeiten kann, wie's scheint.

Angelegenheiten, die ich gerne anders geregelt hätte, Situationen, die ich gerne rückgängig bzw. vermieden hätte.

Hätte, wäre, wenn. Ja! diese Fragen, ständig in meinem Kopf und dann wieder das Gegenteil davon, Freude, Glück und Lachen.

Ein Auf und Ab. - Leben.

∞

Unsere neue Hütte

Unsere neue Hütte steht auf vier Stahlbeton-Fundamenten, dass der Liebe und das des Vertrauens ineinander. Der Boden besteht aus Eichenbalken und schweren Eichendielen, er symbolisiert Zuneigung und Verstehen. Das Dach, das uns schützt ist gemacht aus Schindeln, jede Schindel hat die Form von Herzen, wie ein Schild schützt es uns gegen die Unbilden unseres Umfeldes. Die hölzernen Wände aus runden Baumstämmen sind stark und innen ausgekleidet mit „Zärtlichkeit". Das Bad füllt sich mit Liebe und Lust, wenn wir es gemeinsam benutzen. Ein gemütlicher Kachelofen steht im Raum, der genährt wird vom Feuer unserer Liebe und speichert unsere Wärme. Die Kälte kann uns nichts anhaben. Ein Himmelbett, mit vier Säulen, eine Säule ist die Leidenschaft, die zweite Säule, Zärtlichkeit, die dritte Säule, Begehren und die vierte Säule ist die Liebe. Die Haustüre, ebenfalls aus Holz, lässt sich öffnen mit unseren Herzen und Gedanken, wenn wir einander dort treffen, uns dort in unserem Refugium lieben und wärmen. Die Tür hat zwei Flügel, gleich unseren Armen, wenn wir einander umarmen und uns fest und voller Freude, aneinanderdrücken.
Die Fenster sind wie unsere Augen, durch sie hindurch sieht man das Schöne der Welt und wenn man von draußen hineinschaut, kann man die Liebe sehen. Unsere Augen sind die Spiegel, in denen wir die Schönheit unserer Liebe sehen können. Auch können wir dort unsere Herzen erblicken.

Auf der Terrasse vor dem Haus eine große Doppelliege, gebaut aus Geborgenheit und Gemeinsamkeit. Dort schauen wir, während uns Sonnenstrahlen auf der Nase kitzeln, hinauf zum Himmel, wo unsere Seelen schweben, wenn wir zusammen sind, wo wir fliegen, wenn wir uns lieben. Das ist unsere neue Hütte, gebaut für unser Wir.

Gedankensplitter - Liebe
Liebe gibt, Liebe verzeiht, Liebe zerstört, Liebe vereint, Liebe lebt, Liebe verletzt, Liebe lacht und Liebe weint. Liebe macht glücklich und Liebe schmerzt. Nur die Liebe allein ist unsterblich.

Wenn du nachts nicht bei mir bist

Wenn du nachts nicht bei mir bist, dich nicht an mich schmiegst. Wenn ich im Schlaf deine Nähe suche und dich so sehr vermisse, deine Wärme, deine Küsse. Ich wollte, ich könnte der Mann sein, der statt mir ist des Nachts bei dir.
Ich will dich bei Tag und auch in der Nacht, wir sind füreinander gemacht. Wenn ich weiß, er liegt bei dir, hab' ich Angst und ich frier, du gehörst zu mir! Wenn du nachts nicht bei mir bist, kein Feuer in meinem Herzen ist. Denk' an dich und weiß es ist ein Traum zu schön, um wahr zu sein. Mein Herz ist nachts, wenn er bei dir ist ganz allein.

∞

Aus der Nacht in den Tag

Aus der Nacht in den Tag, das ist die Zeit, die ich am liebsten mag. Vögel begrüßen das Licht mit ihrem Gesang und auch ich setz mich in „Gang".
Zieh mich an und hinaus bei der Tür, egal ob in der Stadt oder auf dem Land. Stille, Ruhe und der bevorstehende Sonnenaufgang lassen meine Gedanken in die Weite schweifen. Die Augen weiden sich an dem Neuen, frischem Grün und den Blüten und neuen Knospen.

Frühling. Die Ohren lauschen dem Gesang und dem Gezwitscher und auch ich beginne leise vor mich hin zu pfeifen während ich gehe. Ich fühl mich gut, es wird heller und heller, ein neuer Tag, was er wohl bringen mag?
Meine Termine sind geplant und überlegt, aber was dazwischen, was unverhofft passiert oder was ich zu sehen bekomme ist noch des Tages Geheimnis.
Ich freue mich auf diesen Tag, egal was er so bringen mag, wenn noch dazu die Sonne scheint und die Herzen aller erwärmt und Lebensfreude bringt. Jeden Tag aufs Neue bewundere ich die Natur, sehe mich niemals satt daran und danke Gott dafür, dass ich dies erleben kann. Die Sonne kommt hervor, ich spür ihre Strahlen auf meiner Haut, ein Gefühl von Wärme und Wonne so vertraut.
Jetzt ist der Tag endgültig angebrochen, die Dunkelheit ist gewichen, die Schatten der Nacht Vergangenheit. Ein neuer Tag, ein Neubeginn, ein neues Erleben, neue Chancen und Möglichkeiten. Ein neuer Tag am besten ausgefüllt und gelebt mit Liebe, denn für zwei Herzen ist ein Tag und das Glück dann doppelt so schön.

Des Herbstes Meisterstück

Der Wind lässt die bunten Blätter tanzen in des Herbstes Licht.
Wie Schmetterlinge, Blätter flattern durch die Luft.
Auf den Straßen ein bunter Teppich aus des Herbstes Laub.
Am klaren, blauen Himmel, eilig weiße Wolkengebilde, wie mit einem Pinsel gemalt am herbstlichen Himmel ziehen.
Eine wahre Pracht aus des Herbstes Malkasten die Landschaft in eine bunte Welt eintaucht.
Die flachen Sonnenstrahlen rücken alles in ein wunderschönes Licht.
Der Wald, wie aus einem Märchenbuch verschmilzt mit dem noch grünen Flur und der braunen Erde der Äcker zu einem Gemälde.
Wirbelnde, tänzelnde Blätter kreiseln sich großen Schneeflocken gleich zur Erde nieder.
Eine verzauberte Welt, die mit Bildern zu uns spricht.
Bis tief in mein Herz hinein reicht die bunte Vielfalt und der Sonnenschein.
Leicht wie ein Blatt im Wind, auch mein Gemüt, spür Glück in mir, wie damals als Kind.
Am Horizont ein Regenbogen gar, wie in einem Märchen und doch, wahr.
Buntheit und Schönheit der Natur, des Betrachters Glück.
Der Anblick, wahrlich des Herbstes Meisterstück.

∞

Noch in der Dunkelheit

Noch in der Dunkelheit der Nacht verlasse ich das Haus und marschiere bergwärts. Es ist noch sehr ruhig, lediglich Glocken von den Kühen und Schafen, die noch auf der Weide sind kann man hören. Die Straßenlaternen sind noch an, während ich in den nahen Wald eintauche. Meine Gedanken kreisen immer noch um die Träume der Nacht, um Dinge, die ich heute erledigen möchte, sie beschäftigen mich schon seit ich wach bin. Ich gehe einen steilen Steig hinauf, über Wurzeln und vorbei an den schon fast kahlen Laubbäumen, die Blätter rascheln unter meinen Füßen. Meine Gedanken werden leichter, während ich in das Zwielicht des Morgens wandere, mein Atem hat sich eingefügt in den Rhythmus meiner Schritte. Ich denke an den neuen, beginnenden Tag, kann das Licht schon recht gut erkennen, wie es hinter den Bergspitzen und Kämmen immer heller wird. Meine Gedanken werden mit zunehmender Helligkeit klarer, ich freue mich, in dieser wunderbaren Natur zu sein, hier leben zu können. Im Tal kann man die Nebel schon gut ausmachen und langsam, beginnen sie die Berghänge entlang hinauf zu gleiten. Die Sonne ist noch nicht zu sehen, aber es ist schon taghell. Ich habe gerade einen meiner Lieblingsplätze erreicht und setz mich auf die Bank, um meine Gedanken zu notieren. Mittlerweile dringen laute Geräusche aus dem Tal, von der Stadt zu mir empor. Die Hektik hat begonnen, all die Getriebenen, denke ich, sie sind schon wieder unterwegs, bekommen nichts mit von der Schönheit und der Ruhe des Morgens.

Die Menschen eilen durch den Morgennebel, der sich noch im Talboden befindet zu ihrer Arbeit oder sind als "Transitmenschen" unterwegs. Ich habe noch, bzw. nehme mir noch ein wenig Zeit, bis auch ich mich wieder den alltäglichen, beruflichen Aufgaben widme. Ich schließe meine Notizen und mache mich auf den Weg, weiter, weiter hinauf, wo es wieder ruhiger wird. Ich gehe der Sonne entgegen, die sich, mittlerweile von den Bergspitzen abwärts, Richtung Tal bewegt. Die Luft ist klar und hier oben höre ich auch wieder Vögel singen, die Geräusche der Menschen verstummen zusehends wieder und Ruhe kehrt wieder ein. Schritt für Schritt marschiere ich bergwärts, meine Blicke erfassen die Schönheit der Natur, ich genieße jeden Augenblick, spüre meine Kraft, spüre meinen Puls, spüre Leben in mir. Ich habe auf ca. 1.500 Meter Seehöhe den Alm-Boden erreicht, der in der Morgensonne dämpft, auch hier ist das Licht wunderbar, der Tag so frisch, ich kann es spüren, wie die Wärme der Sonne Pflanzen und Boden und auch mich durchströmt. Ein Blick auf die Uhr sagt mir, dass es nun Zeit wird, weiterzuwandern. Ich setze meinen Weg fort, in meinen Gedanken immer jene Worte: Jeden Tag, gehe ich meinen Weg aufs Neue. Es stimmt! Ich gehe jeden Tag meinen Weg, oft denselben Weg, aber auch mal andere Varianten und natürlich unbekannte, neue Wege auf meinem Lebensweg. Mit diesen und ähnlichen Gedanken marschiere ich, eintauchend in die sicht- und hörbare Hektik des Alltags geradewegs in mein Büro, um dort einen alltäglichen Weg zu gehen.

∞

Als der Sinn der Weihnacht

Viele Adventzeiten und Weihnachten habe ich schon erleben dürfen, es inspiriert mich jedes Jahr aufs Neue, darüber nachzudenken, was es als Kind war, wie es damals war, wie es dann später war und wie es heute ist und wie könnte es in Zukunft sein?

Wenn ich versuche mich zurück zu erinnern an Weihnachten, dann spüre ich in erster Linie ein Gefühl des Glücks, Gefühle unvergesslicher Momente und grenzenloser Unbeschwertheit in mir. Keine exakten Details, aber ein riesiges Gefühl der Freude und Vorfreude auf das Ereignis.

Natürlich auch Freude und Neugier auf Geschenke, aber nicht auf bestimmte Geschenke, deren Wunsch ich damals schon bei den Eltern geäußert hätte, weil ich das aus der Werbung, (ein schwarz- weiß Fernseher, Sendeschluss für uns Kinder nach dem Sandmännchen), oder weil mir eine oder einer meiner Nachbarskinder erzählt hätte, dass er dies und das bekommen würde- Nein!

Es war einfach diese Ruhe, diese Geheimnistuerei der Erwachsenen, der Schnee, die Erinnerung an das Jahr davor, an den wunderschönen glitzernden Christbaum, an die Weihnachtskekse, (unterm Jahr, gab`s schon ab und zu auch Kekse, die vom Geschäft, vom „Hauser", dem örtlichen Nahversorger, wie es heute heißt, falls es überhaupt noch einen gibt,- das waren Butterkekse oder „Prinzenrollen", auch gut, aber nichts gegen die Weihnachtskekse von Mama oder Oma, Vanillekipferl, verschiedenste Formen von verzierten Mürbteig-Keksen, oder gar einmal eine Rumkugel, …).

Ja, es gab selbstgestrickte Socken, Kleinspielzeug und es gab Orangen, Mandarinen, Nüsse und Schokolade! Herrlich, hätte jetzt Lust darauf welche zu essen. Diese Zeit der Glückseligkeit, wie sie nur Kinder erleben können, wie ich heute mit 55 feststelle – obwohl es gibt auch für mich noch Momente, wo ich mich fast so fühle wie damals. Die haben aber nichts mit Weihnachten von heute zu tun. Es war einfach die Zeit der Familie, der Wärme, des Spielens, des Wartens und der riesigen Vorfreude auf das Fest. Gestern las ich im Internet:
Wir schenken uns gegenseitig Wärme! – Ja! Wir shoppen im Internet und bestellen Multifunktions- Unterwäsche - nie mehr kalt!
Was für eine Botschaft an Weihnachten! Aber dennoch, es ist genau das, „Weinachten", von heute allerdings müsste die Bezeichnung wohl in: „Konsum- Rauh(sch)nachten! Umbenannt werden!
Die Geschichte dazu ist in aller Kürze, ist die Geschichte vom totalen Kapitalismus und der scheinbar endgültige Siegeszug der Werbung, - sprich staatlich-wirtschaftliche Gehirnwäsche Vereinigung. Alljährliches Ziel dieser unter dem Decknamen Weihnachten veranstalteten Farce sind neue Rekorde.
Noch mehr Umsatz, als im letzten Jahr und zwar auf allen „Linien" – im Einzelhandel, im Lebensmittelhandel, in den Internet- Shops in der Bekleidungsindustrie ... usw. Unglaublich, wie sehr sich die meisten Menschen „unterordnen" und mitmachen.
Ich würde so viel lieber, gerne Wärme in Form von Liebe und Nähe, vor allem Zeit denjenigen schenken, die ich liebe, die ich mag, die ich schätze, den Sinn der eigentlich- Einst, (für mich ca. vor 50 Jahren), diese Zeit

mit sich brachte, den würde ich gerne wieder erleben, fühlen und spüren, dies ist mein größter Wunsch!
Nicht kaufbar, nicht online bestellbar, nicht zu gewinnen, nicht zu erzwingen und leider nicht erfüllbar, solange man selbst, zumindest arbeitsbedingt in diesem großen Konsumwahn miteingebunden ist, denn die Adventszeit ist auch die Zeit von:
Ich will alles und das sofort! Und zwar jetzt noch vor Weihnachten!
Ja, ja die stille Zeit – glücklich derjenige, der diese auch so erleben darf.

∞

Ganz tief in mir

Ganz tief in mir, Sehnsucht erfüllt mich ganz und gar.
Sie drückt auf mein Herz und auch in Gedanken ist sie immer dar.
Sehnsucht ist stets mein Begleiter, auf Schritt und Tritt wandert sie mit mir mit.
Sehnsucht in meiner Seele und Leere, wenn ich nur bei dir wäre.
Sehnsucht nach dir ganz tief in mir. Sehnsucht füllt die Zeit, meine Gedanken wandern weit, es ist immer so wunderbar mit dir, diese Zeit zu zweit. Sehnsucht ganz tief in mir, alles in mir will zu dir.

Guten Morgen

Guten Morgen, ein Kuss auf deinen Mund, träume ich so vor mich hin, während die Gedanken wandern weit, wandeln in einer wunderschönen Zeit zu zweit. Dein Atem ist mir beim Träumen so nah und erfüllt mich mit tiefer Zufriedenheit, dein Herzschlag lässt mich wie nichts anderes auf der Welt spüren, Glück. Du meine Liebe liegst in meinen Träumen stets ganz nah bei mir, Haut an Haut und dein Duft in meiner Nase wohl vertraut. Als wäre es nie anders gewesen, was bist du für ein wunderbares Wesen. Guten Morgen, ich berühre in Gedanken zärtlich dein Gesicht, du bist wunderschön, ein Gedicht. Ich könnte dich anschauen Tag und Nacht, ich weiß es genau, du bist für mich gemacht. Deine Wärme spüren, dich zu berühren mit dir sein und in deine Augen schauen. Du gibst mir die Liebe und die Zärtlichkeit die ich so sehr brauch'. Ich schenke dir mein Herz jeden Tag aufs Neue, meine ganze Liebe und meine Leidenschaft. Guten Morgen, träume ich voll leidenschaftlicher Gefühle, während ich im Halbschlaf im Polster wühle, begehren du ich dich so sehr und mein Verlangen nach dir unendlich tief, ich deshalb schon so manche einsame Nacht nicht schlief. Guten Morgen Schatz, träume ich so vor mich hin, suchend nach dir, meine Hände das Bett abtastend, wollen berühren deinen Körper, dein Gesicht, wollen überbringen mit Zärtlichkeit dies Gedicht. In meinen Träumen und Gedanken liegst du in meinen Armen, bist bei mir, ein schöner Traum, morgens um Vier. Deine Liebe ist mein Lebenselixier. Guten Morgen Liebste, in Gedanken bin ich bei dir.

„Radeln"

Radeln, bei der Affen Hitz',
Des tua i, des is koa Witz.
Glei nach'n Fruhastuck radl i los,
trett' in die Pedal ols wia nur wos.
I kunn zwoar nix g'winnen und mir tuat a koaner zwingen,
doch beim Radeln, do wear i schwoch, weil des is mei Leidenschaft und gibt mir viel,
drumm hör i net auf zu trett'n bis ans Ziel.
Meistens ist mei Weg net so genau fest g'legt, nur a Richtung is mir von Anfang an kloar,
weil i find imma an Weg, des is wunderboar.
Die Weg san, dort, wo i radl olle schean, Orte, Landschaft und intetessante Sochen,
sein die Essenz, wos mi beim Radeln glicklich mochen.
Hob i a am nexten Tog an Kater in die Haxen- oder wia ma do, wo i iatz grod beim Radeln bin sogt: Spotzen.
-des macht mir gar nix aus, am nächsten Tog muass i wieder raus.
Auffi aufs Radl und scho geht"s wieder dahin.
Mei Gluteus Maximus macht zwoar mucken,
will sich gor net recht in Sattel, eini- drucken,
doch noch a paar Kilometer
verschiebt er a den Schmerz auf später.
Abends dann, noch der Tour gibt's für die Haxen noch'n dusch'n a Koterdol
und a mei Allerwertester, wird eingrieb'n mit Popanthen, wieder schen,-
und fühlt sich wohl.

Mei Herz des werkt im Takt,
a schenes G'fühl, mei ganzen Körper packt,
und a di Seel' frohlockt.
Des Radeln mocht nit nur Freid, es is a wichtig und guat fiar die Xundheit.
A spezieller Saft,
so a Radler, sorgt für`n Antrieb und fiar die Kraft.
Zum Abschluss von a schenen Tour, des ist Lebensfreide pur.

(Radfahren, einer meiner Leidenschaften, es ist eine wunderbare Art Natur zu erleben und Landschaften „kennen zu lernen")

Manchmal

Manchmal bin ich so traurig und möchte weinen, aber das geht nicht.
Nicht einmal traurig sein geht.
Gute Miene machen heißt es, nichts anmerken lassen, dass einem etwas ganz arg fehlt.
Im Gegenteil, man muss sogar noch vorgeben gut drauf zu sein. Ein Lächeln aufsetzen, humorig und gut gelaunt, dabei möchte man seinen Kummer, seinen Schmerz freien Lauf lassen, weinen und einfach traurig sein.
Manchmal drückt es einen schwer auf die Seele, doch kann man es nicht zeigen.
Manchmal ist man traurig und kann nur im Inneren schweigen.
Manchmal, wenn man traurig ist, dann ist man ganz allein obwohl viele Menschen einem umgeben.
Manchmal bin ich traurig und allein, dann kann ich weinen, es tut meiner Seele gut. Manchmal.

∞

Melodie

Musik, ein Klavier hör ich im Vordergrund. Es passt, die Musik passt zu meinen Gedanken, die in die Ferne schweifen, während meine Augen an einem Bild an einer roten Wand haften. Eine Hand am Bierglas, im Kopf Gedanken von einem Wir. Die Musik ist nicht traurig, auch nicht beschwingt, doch sie passt, sie ist wie die Melodie des Lebens, wie der Fluss der Zeit. Ich sitz allein an einem Tisch für vier Personen, lausche der Melodie und denk an dich, denk an die Liebe. Ich nehme einen Schluck, mein Blick wandert zu einem Paar, zwei Tische weiter, sie unterhalten sich, trinken beide Bier. Ich lausche weiter der Melodie. Ein schönes, ausdrucksvolles Musikinstrument denke ich bei mir und träum' weiter von einem Wir. Während die Musik wie durch einen Trichter über meine Ohren in mein Gehirn rieselt, mich inspiriert, meine Gedanken fliegen lässt, merke ich, dass ich eigentlich gar nicht einsam bin, obwohl ich allein an dem großen Tisch sitze. Du bist hier, hier bei mir in meinem Herzen, in meinen Gedanken, ja sogar in dieser schönen Musik des Lebens bist du, rieselst mit den Klängen in meinen Kopf, fliegst dort mit mir gemeinsam in eine Welt in der wir uns gegenüber sitzen an diesem Tisch, uns anlächeln, reden und trinken, so wie das Paar am Nebentisch. Die Melodie dauert noch an, während ich diese Zeilen schreibe. Schön ist sie, die Melodie und lang - ewig fast, unendlich die Sehnsucht in mir, die Sehnsucht nach dir. Ich denk an dich, denk an uns, ein kleines Lächeln in meinem Gesicht. Schön, ist sie, die Musik, die Gedanken, die Melodie.

Nachwort

Der Titel zum Buch, Mee(h)r der Sehnsucht entstand für mich durch Erfahren der Liebe, ein Auf und Ab der Gefühle, als ein Teil des Lebens. Die Liebe begleitet uns von der Geburt bis zum Tode. Liebe ist unabhängig von Geld und Macht und doch ist Liebe in der heutigen Zeit scheinbar von so vielen „äußerlichen bzw. wirtschaftlichen Faktoren "abhängig", wie es scheint. Oder ist die Liebe eben die Liebe und nur die Liebe?

In den Zeilen des Buches handelt es sich um Liebe, Hoffnung, Sehnsucht und „anderen", Begleiterscheinungen der Liebe, Lebenspunkte, wie ich sie nenne, etwa Jahreswechsel, Geburtstage, aber auch Alltägliches, Gedanken etc.

Vielleicht haben Sie auch schon diese oder jene Erfahrung erlebt, haben Freude daran, wenn andere sich freuen, sind auch traurig, wenn andere traurig sind, finden sich beim Lesen wieder, oder Ähnlichkeiten und Parallelen. Es würde mich freuen, wenn ihnen das Lesen in diesem Buch gefällt, ihnen vielleicht sogar hilft, sie diese Texte nicht nur einmal von vorne bis hinten durchlesen. Je nach Stimmung das Buch, das ein oder andere Mal zur Hand zunehmen, sei es um Trost zu erfahren oder sich inspirieren zu lassen von der Freude der Liebe, Gedanken zu Anlässen und Gedanken zum- und über das Leben.

∞

Angaben zu meiner Person:

Name: Ewald Apperle, geboren 1962 in Innsbruck, aufgewachsen am Land aber in unmittelbarer Stadtnähe. Ich bin das zweite Mal verheiratet, habe insgesamt drei Enkelkinder, eine Tochter, zwei Stieftöchter.
Die Photographie ist neben dem Lesen und Schreiben einer meiner Leidenschaften.
Dies ist mein zweites Buch, wobei ich nebenbei auch noch an anderen Buchthemen arbeite.
Ich liebe die Natur, die Bewegung im Freien und übe viele Sportarten aus, Reisen und Beobachten ist ebenso eine Leidenschaft.

Schlusswort

So lange Sehnsucht, Wünsche und Träume, solange die Phantasie und Bilder, Ideen in meinem Kopf,- solange schreibe ich. Ich schreib mir es sozusagen von meiner Seele. Ich freue mich umso mehr, wenn es den Lesern gefällt und sie beim Lesen ihre eigenen Gedanken und Gefühle mit den Worten verknüpfen können. Sehnsucht begleitet mein Leben solange ich denke, sie scheint schier unerschöpflich zu sein.

∞

www.ingramcontent.com/pod-product-compliance
Lightning Source LLC
Chambersburg PA
CBHW051747230426
43670CB00012B/2195